神からの伝言

山下 慶子
Keiko Yamashita

文芸社

目次

聖書の文章は『新約聖書』（フェデリコ・バルバロ訳、講談社）から引用している。

人間を生かす海から、人間を滅ぼす海へと変わってしまった

２０１１年3月11日、金曜日、午後2時46分。前古未曾有《ぜんこみぞう》の大災害がこの日本を襲った。マグニチュード９・０の巨大地震。東北関東沿岸広域にわたり、恐るべき津波の早さと、誰一人想像もしていなかった巨大な津波の高さに、町のすべてがのみ込まれ、人間もろとも押し流されていった。死者、不明者二万七千人以上。すべてがのみ込まれ、ガレキの山と化したため、まだ海に流された不明者の数が数え切れず、さらに増えるという。

専門家でさえ予想していなかった災害という。五十万人の被災者が出た。巨大津波の来るその早さに、車で逃げようとした人は車ごと海に流され、ガレキの中の遺体と、海へと流されてしまった不明者はもはや数え切れない。幾重にも巨大な防波堤が造られ、守られてきた町である。それをしのぐ巨大な波が押し寄せ、町のすべてを、数え

切れない多くの人々をのみ込んでいった。いくつも町を守るための防波堤があることで、起きてしまったことを悔やんでも仕方がないが、この巨大な幾重もの防波堤が、人々を安心させ、逃げ遅れさせたのではないか、という思いもする。

阪神淡路大震災では四千数百人の人が亡くなったが、巨大地震と火災であっても避難所にいて少し落ち着いたら、家に残っている食料や衣類や冷蔵庫の中の水を、互いに残った家から持ち出し、皆でそれを分けながらしのぐこともできる。しかし、今回は家ごと町ごとすべてが流されてしまい、町のあった場所は地盤沈下を起こし、すべての被災者が命からがら何も持たず、まったくの着の身着のままで、水も電気も水道もなく、家もなくなったため食料も飲み水もない。そこが阪神淡路の悲劇と大きく違う所であり、被災者のあまりの数の多さに、今全国から海外から援助物資が届いているが、それがいつ途切れるかと私ははらはらしている。

今日近くに住む友人から聞いた話であるが、こんな田舎のスーパーに何もなく、すべて被災地に送るため、張り紙がしてあって、「被災地に送るため、大変申し訳ありません」と書かれ、いつもあるものが何もなかった、という。その現象は東京都だけの現象かと思っていたら、そう友人が今日教えてくれた。

一日一食半しか食べない私には大した影響はないが、世界中が見守っている原子炉が三人の被曝者を出しながらも懸命に頑張っている。しかしどうにも壊れて動かないらしく、水も野菜も乳牛も汚染されたから、その地域の水や野菜や牛乳を飲まないように、と毎日報道されるのが恐ろしい。二週間、今日（3月28日）で約二週間が経つが、放射能がひどく誰も立ち入れないでいるらしく、放射能が出っぱなしの状態である。

早く避難指示を出すべきであったのに、三十キロ以内室内退避の指示を出していた人たちに、二週間も経って、危険だから自主退避するように、と今日指示を出していた。密封した部屋にいるように、換気扇も回すな、と今まで言っておきながら、二週間も経った今、自主避難しろ、である。

ここにはまだ一万人の人が残っているそうであるが、放射能を恐れて、物資を届ける人たちはいないそうである。自分たちで遠くまで取りに行く他はない、と。「何がどのようにあぶないのかはっきり言え！　そうでなければ動かない！」と市長が怒っていたが、市長は一万人の受け入れ先を見つけねばならないのである。

千年に一度の誰にも予想も予見もできなかった災害と言われている。この上に、まだ一万五千人以上の行方《ゆくえ》不明者がおり、犠牲者の数が一体どれだけになるのか想像もつかない状態だそうである。五十万人に近い、着の身着のままの被災者の人々が一体これからどうなるのか。助かった後、死亡した人の数も五十人を超えた（8ヶ月が経った今、助かった後食料と衣類がなく餓死した人、凍死した人が数百人いるという情報もある）。半年間で仮設住宅での自殺者三十八名。

再建可能なのか。被災者の人々は、皆まったくわからない。今は何も考えられない、と言っている。何も考えられないというのが本当だろう。考えたくはないが、イエス・キリストの言った「死んだ者をうらやむほどの災難が降りかかる」「地上にいる者は山に逃げよ」という言葉が現実のものとなった。

拙著『預言の書』に、「この日本が一番最初につぶれる。第二次大戦の後は日本は立ち上がったが、もはや日本が立ち上がることは二度とない。どの国よりも一番最初につぶれるのはこの日本であり、終わりの始まりはこの日本から始まる。日本が踏ん張っている間は世界は終わらない」と書いたが、そう書いた四ヶ月後の出来事である。

図らずも成就してしまったか、と思ったが、霊なる神は「あなたに私が見せた、三度にわたってまったく同じものを見せたあのすべてをのみ込む巨大な海の山と今度のそれとはまったく違う、心しなさい。これとあれとは違うのだ」と言われる。

確かに私が見せられたものとは違う。もっと巨大な海の山であった。そして、その場所は、高いビルが立ち並ぶ都会。私が見たものは大都会のすべてをのみ込む巨大津波である。まず色が違う。真っ黒い津波の色ではなく、真っ青な澄み切ったあの海の色そのままの山が、大都会のビルのすべてをのみ込んでいく。

恐ろしくて誰にも言えず、口にするのも恐ろしくてできず、「忘れよう、忘れよう」と私は懸命にあの光景を振り払ってきた。あれがこれかと思うことで、この前古未曾有の大災害を、人々がどうかめげずに復興してほしいと願いながらも、家もない、お金も流されてない、食料も水も着る物も歯ブラシさえない、何もかも流されてしまって何もない人々が、立ち上がる気力があるだろうか、とも思う。

今は物資がある所にはある。まだ孤立している人々の所へは何の物資も行っていない。原子炉の放射能は流れっぱなしで、福島の野菜や牛乳はすべて廃棄され、食料や何もかもが足りないため、こんな田舎の町からも野菜から何から、スーパーが空っぽになるほど被災地へ送っているが、いつまでこれが足りるかを心配している。

放射能度が高くなったため、一歳未満の子供に水道水を使わないように、と言うが、もはやペットボトルの水はどこにもなく、長期の様相をしている放射能被害と避難者の数の多さに、どこまで物資や食料や水が耐えられるかを心配している。すさまじい日本列島の破壊であり、被災者は〝地獄〟と言い、週刊誌は〝日本は黄泉《よみ》の国になった〟と書いている。死に絶えた国という意味である。

原発30キロ以内の屋内退避の人々に、乳児に水を飲ませるな、から、大人も水道水を飲まないように、に変わった。一体どれだけの量の放射能が降っているのか。

半月が経った今でも海に土壌に流れ染み込み続ける放射能はどれだけの値なのか。作物も牛乳も米や野菜も広範囲にわたり、出荷停止を政府は命じた。今まで日本中に出荷されていた米や牛乳や土壌が汚染されたから作物の出荷停止を命じられ、すべてを廃棄するはめになったこれらの地域の人たちでさえ、食べ物を口にできないとなったなら、次には飢えという災難が待っているのではないか。

「東日本に恐ろしい大災害が起きた!!」「あら、そう、大変ね」。まさかこういう人間はいないと思っていたが、これがいるのである。待っているがいい。今の被災者以上の苦しみを味わう時が必ず来るから待っておるがよい。こういう連中がいるからこういうことが起こるのである。

前著『預言の書』と『神への便り』の表紙と題名を眺め、ほとんどの人間が読むことを拒否したことをここに付け加えておく。『預言の書』の表紙を見ただけで「ギャッ、気持ち悪い！」と言ったヤツがいたが、この女、ここまで悪魔（ルシファー）に洗脳されていたのかと、「ギャッ、気持ち悪い！」と私も思った。悪魔は闇を好み、光を嫌う。読まずともそれがわかるとはすごい。救われる者は少ない。新しい天と地へ行く者は少ない。

霊なる神がもうずっと前、何十年も前に、

「あなたたちは海の生き物を食べられなくなる時が必ずやって来る」と言われていた。海が汚染されてしまい、海の魚を食べられなくなる時が必ず来る、と。「海の魚はすべて死に絶える」とも言われていた。もう何十年も前に。

愛してやまない人間のために霊なる神は地球上に70％もの広い海を創られ、「愛の神」から今「怒りの神」へと変わられた霊なる神なる、神の人間への怒りの鉄槌《てっつい》は、人間を生かす海から滅ぼす海へと変わった。霊なる神の創造の人間を生かす海から、人間を滅ぼす海へと今変わった。霊なる神を怒らせる人間へと人間が堕落したからである。

今人間は選別されている。海に流された肉親を失う悲しみは想像に余りある。しかし肉体は滅びても、本来の人間の姿である霊体は死んではおらず皆生きている。肉身の悲しみはつらい。しかし彼らは皆死んでなどはおらず、皆生きている。今しばらく残された者の身を案じ、霊体となって彼らはそばにいるだろう。

しかし元気を取り戻した生き残った者の姿を見て安心し、彼らは霊界へと行く。しばらく立ち止まったならば、死を自覚して霊界へと行かねばならない。そのうちの多くの人々を新しい天と地に住む天の使いたちが救いにかけ降り、道に迷わぬように、霊なる神の創造、新しい天と地へと導き、連れていってくれる。愛と歓喜と自由と、

人間を生かす海から、人間を滅ぼす海へと変わってしまった

もはや死のない世界へと。

だから残された人々は、いつか彼らを忘れていい。自分たちよりももっと幸福な世界にいるのだと、安心して自分らのことだけを考えていい。むしろ生き残った者の方が、何十も何千倍も、これから苦しい苦難の日々が待っているのだから。そのことをイエス・キリストは「死んだ者をうらやむような災難が地上に起こる」と言ったのだから、私たちの頭上に降りかかる災難をどう受け止めるか、死をどう受け入れるか、心の持ち方を考える方がずっと大切である。

とはいえ、小学校にいた子供たちや、保育所にいた子供たちの多くが海に流されてしまった。何という災害であろう。何という悲しみに満ちた出来事であろう。悲しみ、恐怖、悲惨、これらから真に立ち上がる時が日本に来るのだろうか。被災者の多くは、完全に元の生活に戻ることはないと思う。が少しでも元の生活に戻りたい、と言う。これはあくまでも願望であり、完全に元に戻ることはないことを知っており、呆然自失で、あるいはこれから先どうやって生きていくかを案じ、ほとんどの人が夜眠れず、

暗闇のすしづめの避難所の中で、眠りにつけず多くの人々は起きているそうである。いつも飲んでいた薬もなく、薬のない不安に、あの時死んでいた方がよかったと言っている人もいた。ご主人を流され失った人は、私もあの時主人と一緒に死んでいた方がよかった、と言っていた。ある人は、生きるって大変なことですね、と涙ながらに語っていた。

人間の本能として、巨大地震や三十メートルにも達する巨大津波が来たら、誰でも高い山や、一番高いビルなどを目指し必死で逃げる。危険が目の前に迫れば、人間も動物も必死で夢中で安全な所をめざして逃げる。助かってよかった、命があっただけでありがたい、当然皆そう思い、直後、五十万に近い被災者の人々が皆口をそろえてそう言っていた。

被災地には雪が降りつもる。命からがら身一つで災難を逃れた人々に、子供を、親を、妻や夫を失くした人々に、さらなる苦しい苛酷な現実が待っている。先にも書いたが、助かったのち餓死・凍死で死んだ人の数が、わかっているだけで数百か、それ以上とのこと。先にも書いたが、六月から九月までの間の仮設住宅での自殺者三十八名。「耐えて、耐えて、もうこれ以上耐えられないと思うところをさらに耐えて、これから人間は生きていかねばならない。耐えて耐えて、もはや耐えられないと思うところをさらに耐えて、死んでも耐えなければならない」と私が『預言の書』に書いたのは、終わりの始まりの最初がこれであったのかと思うと、私は自分自身にこの言葉をつぶやき、自分の心に言い聞かせる他ない。

終わりの始まりがこれであったのかと思うと、霊なる神の怒りのすごさに震えおののく以外ない。これは終わりの始まりに過ぎない。人間の頭上に降り注ぐ、神の怒りの最後の審判の序奏に過ぎない。何度も言うように、世界の終わりはこの日本から始まる。日本が一番最初につぶれる、もはや日本が立ち上がることはない、と言ってきた。

弱った獲物を狙うのがハイエナである。ハイエナが現れると、あのチーター、ヒョウでさえ、せっかく自分が仕止めた獲物をおいて逃げていく。この場面をいつも不思議に思う。

ハイエナよりヒョウの方が断然強いと思うが、無駄な争いをして、怪我をするのを避けるためだそうである。野生の動物にとって、怪我は致命傷となるため、ハイエナが来るとヒョウは自分が取った獲物を置いて逃げる。弱った日本は「ハイエナ」に気をつけなければならない。

もはやひん死の状態にある日本は、ハイエナにとどめをさされるだろう。とどめをさした者でさえ、もはや霊なる神の、そして今再臨したイエス・キリストの裁きを最後の審判を免れることはできない。この日本にとどめをさした者は、この日本以上の厳しい裁き、火と水の洗礼、第二の死が待ち受けている。

何もかもが霊なる神のシナリオであり、何もかもが、この日本が一番最初にズタズタに引き裂かれることも、ハイエナにとどめをさされることも皆、霊なる神のシナリオであり計画である。三十二年間、私は人類に警告を発し続けてきた。神からの伝言を、必死で人々に伝え続けてきた。もはや後の祭り、と書いたとたん、それは始まった。

東京電力の社長が入院したそうである。

卑怯者がよくやる手で、何よりも誰よりも我が身が第一で追い込まれ、自分が不利な立場に追い込まれたとみるや、即刻入院するのは政治家がよくやる手で、見飽きた、聞き飽きた。もはやヘドが出そうな行為である。

今日も原子炉からは異常な高さの放射能が海に流れ出ている、と発表している。福島原発地域の人々は避難所を転々と移動させられ、身内の遺体捜索もできず、死者は放置されたまま。土壌は高濃度の放射線で汚染され、家畜は放置され、もはや米や野菜や果物や穀物を作ることは叶わなくなった。

他の被災地ではいまだ自ら被災し、身内や家を流された消防や自衛隊での遺体の捜索が懸命に続けられている。一人でも多くの遺体を、と。ヘドロに埋まった海にもぐっての捜索も続いているが、汚れ切ったヘドロの海と化した海底はもはや何も見えず、いまだ海からの遺体は一人も見つかっていない。

被災地はどこもかしこもいまだ半月以上が経っても手が付けられないガレキの山。助かっても今度は地震、津波の恐怖、我が子を、幼い子供を失った人、肉親を失った人、家も何もなくなり、これからどうして生きていけばよいかという不安、それらの不安から夜も眠れず、心の病に陥《おちい》り始めた人が増え始めている、と報道している。

薬がなく「死んだ方がよかった」という人。せっかく助かっても、もう五十数名の人が亡くなった。体調を崩し始めた人が続出し、薬がほしくて行列を成しても薬も医師も足りず、病院がすべて流されているのだからいったん避難してまた戻って診療に当たっているのだから薬もカルテもすべて流され何もない。薬がない。

医師がいない、日本の一大危機だというのにさっさと入院だと？　もはやあきれて物が言えない。ここまで言ったら言い過ぎかもしれないが、心労で自分の家で死ぬべきである。それともテレビの記者会見中に、国民の目の前で倒れて死ぬべきである、と個人的には思う。このような卑怯者を残念ながら神は決して見逃さない。日本国民が放射能の恐怖に脅えている最中に、もはや立ち直る気力さえ失って心の病に陥っている最中に、病気の振りして病院に逃げ込んだとしたら、霊なる神は決して許さない。東京電力の社長である。今恐ろしい勢いで漏れ出している原子力発電所のトップである。執筆時点で、会見に、一度たりとも出てきていない。

8ヶ月が経った今、誰も放射能のことは口にしなくなり、マスコミ報道もほとんどなくなったが、今も高濃度の汚染水が海に大量に流れ続けている（誰も知らないだろうが）。予言のために生まれたノストラダムスは、フランス語でイエス・キリストの再臨を書き残し、この程度のことを「空から恐怖の大王が降って来る」と予言したのではない。霊なる神は、「海の魚は死に絶える」と言われたのである。ノー天気な日本人。恐るべき楽観。絶望的な「無責任」。自分さえよければよいという「無関心」。上から下まで日本国中これである。これを「堕落」という。

こういう連中が、こういう人間がごまんといる。だからこういう人間はもういらない、と霊なる神は怒り人間を滅ぼし、第二の死、霊体の死、霊なる神によって、霊なる神の「霊」と「光」によって創られた霊体を火の釜に投げ入れられ、いらない人間は、心の汚れた卑怯者はすべて火の釜に投げ入れられ焼き払われる。苦悶と苦渋で、エドヴァルド・ムンクのあの『叫び』の顔になり、神を呪い、神を口汚くののしり、「黙れ！　消えよ！」と霊なる神に叱られながら、善人の死の数千倍もの苦しみを霊なる神に与えられ、かくして消え失せるのである。

ちょっと名前を忘れてしまったが、外国の偉い人で、死の間際に「神はヒットラーだ！」と叫んだと書いてあるのを見て、不謹慎ではあるが笑ってしまった。神はヒットラーねえ、と。神はいないとか、神などはじめからいないとか、神は死んだ、とかまったく訳のわからないことを今までに聞いたことはあるが、神はヒットラーだ！は初耳で、おもしろいと思った。

善人というと、地球上の人間のほとんどすべてが自分が善人と思っているからどうにも始末が悪い。

正直、私は驚いているのである。『預言の書』と『神への便り』をまじまじと眺め、皆必ず眉をひそめ、「私、こういう本は読まないよ」とか、「まーだあなたこんなものを書いているの」とか（こんなもの、と言われて正直、まじ私は頭に来た）、「うちは仏教だから、こんな本は読まないよ」とか、私には訳のわからないことを言う人間ばっかりなのである。先にも書いたが、『預言の書』の表紙を見ただけで「ギャッ、気持ち悪い！」と突き返した女がいた。内容を読まず、「気持ち悪い」とわかるところはすごい、と私は今驚いている最中である。

ついに悲劇が起きてしまった。福島、須賀川市の農家の人が自殺をした。もはや原発のせいで農業ができない。広大な畑の野菜を破棄するにもお金がかかる。国は稲も植えるな、野菜は出荷するな、牛乳はすべて捨てろ、何もかもが出荷停止と生産中止。電力会社も国も保障のかけらも口にしない（その後、東京電力は百数十ページや五十ページもある資料を何冊も被災者たちに配り、何が書いてあるのか、どうすればいいのか、被災者たちは皆戸惑ったが、それを受けて、東京電力は簡略版を作成した）。

さんざん今まで国も電力会社も莫大な利益を得ながら、今まで自民党が国民からしぼり取った税で、それをまるで自分の金のように湯水のように赤字を垂れ流すものを平気で作り続けた結果、民衆は完全に頭に来て自民党を捨てて見放したのである。残るは民主党であったが、この期に及んでまるで危機感がなく、二十日経ってやっと政府への怒りの声が上がり出した。

霞が関の議員たちは一体何をしているのか！　私も一体彼らは何をしているのか、遊んでいるのか！　とずっと腹を立ててきた。一体何をしているのか、うじゃうじゃいる議員たちは。なりをひそめている、この前古未曾有の危機に。

今日被災地の責任者が「霞が関の議員たちは皆被災地へ来て手伝ってほしい！」と悲痛な声で訴えていた。有象無象いる国会議員たちは、こんな時遊んでいるのか。お茶でも飲みながらみんなで集まり、菅首相（当時）をいかにして引きずり降ろすか、または政権奪回の策でも練っているのか。

友人が電話してきて、「議員たちが一万円ずつ集めて百万円の義援金として送るとテレビに出て言っていたが、恥ずかしくないのだろうか。一万円なら私でも出す。街頭募金に一万円を入れている人もいた。恥ずかしくなかろうか。テレビに出て一万円ずつを出し合ってこの百万円を災害に役立ててほしいなどと!!」と、えらい急いで怒り心頭で話していた。私が怒っていることは他にもたくさんある。

霧島の新燃岳《しんもえだけ》が巨大爆発して噴火がおさまらず、福岡県のみならず四国にまで空震《くうしん》で揺れが来ている最中に、雲仙普賢岳災害資料館の入場料を期限をつけて（つまり今だけ）半額にするからぜひ皆さん資料館においでくださいますように、とテレビで宣伝していた。馬鹿と思わないだろうか。こんな時（もう十回も巨大爆発が起きているのだ）こんな宣伝をするような市長だか町長だか知らないが、これを馬鹿と思わない者は馬鹿である、と私は思う。

そもそも二十年前、巨大噴火で五十名近くの人が火砕流で亡くなった時、全国国民が固唾をのんで見守り、早く逃げるようにと一斉に思った。すると、とにかくこの時はお金が集まるのが早かった。

私も二万円を握りしめ、郵便局へすっとんでいき振り込んだ。数十億のお金が集まったと新聞に載っていた。もうみんな避難して逃げているのに、数軒の逃げない人々がいた。後にわかったが、数十億もの金が集まりながら、一軒につき5万円しか渡していなかった。いつ終わるともしれぬあの大災害に（おさまるまでに四年かかった）、5万円を持って家族みんなで一体どこへ逃げろというのだろうか。あの莫大な義援金はどこへ行った？　普賢岳災害資料館などを建てるために私は二万円を送ったのではない。

このことを知った日本国民は、皆怒り心頭に発した。あの新燃岳の巨大噴火、爆発している真っ最中という時に、見料を半額にするから「見にきてください」だと？

ふざけるな!!　と思った。あんたたちのような者がいるから、この日本がいっちゃん（一番）最初にぶっつぶれるとたい!!　馬鹿者どもが!!　言っとくばってん、これは神様の怒りとばい。私の怒りじゃなかとバイ。わかったか!!

他にも怒りがたくさんある。

前古未曾有の日本の大災害のこんな時に、統一地方選挙をやるらしく、候補者たちが宣伝カーで、ガーガー口先だけのことをがなり立てて回っている。まったく信じられない国である、日本は。日本人は、と言うべきか。

今日もうるさかった。国も馬鹿なら地方議員候補者たちも馬鹿である。日本国の一大事という時に、選挙もへったくれもあるものか。そんなことより一丸となり国民を救わねばならぬ時に。もうあきれて口をポカンとするしかない。

今日午後12時からのテレビ朝日で、災害被災ホームレスがたくさんいることを初めて知った。前にも取材していたらしく、あの災害ホームレスの人たちは今どうしているか、と問う現地取材であった。避難所閉鎖で皆でパチパチパチパチと手を叩いているところはテレビでみたが、これほど多くの人たちがホームレスになっているとは知らなかった。８ヶ月が経ち11月半ばになり初めての冬、ホームレスをしたことのない人たちが避難所を出され、この冬を、東北の厳しい冬をコンクリートの上で寝ているとか、一体どうなるのか。ショックであった。

私は今、完全に自由である

昨日も今日もたった今も、震度５強、震度５弱の地震があの超巨大地震、超巨大津波から二十日以上経つというのに収まらない。震度３クラスはもう三分、五分置きと一日に数え切れない。この辺の人は地震がないので東京で味わった地震の怖さを必死で話しても皆「わからない」と言う。福岡西方沖地震の時、ここも震度５クラスの地震の揺れが来た。

気をつけなければならないのは、あの福岡西方沖地震からちょうど一ヶ月が経った時、まったくあれと同じ地震が来たことである。また震度５クラスの地震が来て私は震え上がり、近所で一番話をしたくない相手であったが「怖かったですねー」と言ったら「ソファーにこしかけていて、あれ揺れてるな、って感じでどうということなかったよ」、このずぶとさ、神経の太さ、他の人に聞くと経験が今までにないだけに皆私と同じように震え上がっていたのである。ひと月置いてまた来るとは、とか言いながら。

近所のこの女、夫婦してK電力に勤めているといつも上を向いて歩き、飼っている犬猫までひっぱり出して、自分たち家族の自慢だけでは飽き足らず、皆から嫌われていることにさえ気づかず、何が気に入らないのか、妬み、嫉妬なのか私をターゲットにして家族全員一丸となって、ありとあらゆるいやがらせを三十年近くも続けてきた。

一度ギャフンという目に遭わせて言ってやったが、ぬかに釘、のれんに腕押し、まったく効果なし。女ではなく夫に言わねばまったく聞く耳なしであった。そこで、再度今度は女ではなく夫を呼び出し、いいかげん止めるよう激しい口調で言ったので、つい二、三年前やっとおとなしくなった。最近ではK電力のやらせメール問題が連日テレビで騒がれ、あまり外にも出てこられなくなり、やっとシュンとなり引っこんでいる。思い出すだけでこの一家のごう慢と、嫉妬や妬まれるいわれなどかけらもないのに、よくよく考えれば、私が何十年も働きもせず、自分たちよりもいい暮らしをしていることが我慢ならなかったのだと思う。

私は一人家の中で昼夜の別なく原稿書きをしていて、書いても書いても送り返されるか無視されるかで、七転八倒の苦しみを味わっているのである。

このいやな女に「怖かったですねー」と言ったら、「あら揺れてるなと思ってどうということはなかったよ」だと。夫婦してK電力に勤めているからか上を向いて歩き、自分たちの自慢であるようだが、東京電力やK電力に勤めていることがそんなに偉いことなのか。わからない。この夫婦、悪い報いは今もう受けているから私の知ったことではない。

川から海に放射能が漏れ出した、と今日先ほどのニュースで言っていた。

「直ちに人体に影響はない」と国も電力会社もはじめから今もずっと言い続けている。長期間これを浴び続ければ、とか長期間これを食べ続ければ、身体に影響はある、という風に今日、きのうでは変わってきているが。

もう何十年も前から霊なる神は「海は汚染され、あなたたちは海の魚を食べられなくなる時が来る」と言われていた。「海の魚はすべて死に絶える」とも。

もう一つ、ピアノを捨てて『神への便り』を書き始めたとたん、これも家族持ちの七歳年下の女が、執拗に私につきまとい出した。二十八年間も続いたその女の執拗さはもはや身の危険を感じるほどになり、警察はその女の家の周囲をパトロールし、マークし、私の身に何かがあったら、つまり血を見ることになったら、即その女を逮捕することになっていた。

警察の目をかいくぐって、夜中の三時に家の周りの様子をうかがいに来る。器物損壊はもはや日常茶飯、センサーライトの大きいのを二ヶ所つけたら驚き、サバイバルナイフを落としていっていた。カギを二ヶ所かけて出ていったはずの家が毎日開けっ放しになっていた話は長くなるので省略するが、車庫にガソリンを撒かれたこともある。

私は恐怖で毎日身の危険を感じ、本当に殺されるかもしれない、と脅えた。私が血を見るか、殺されるかした時は、その女を逮捕する、というように警察では決まっていた。犯人はその女とわかっていたからであるが、その女の見とれるような美しさと、日頃の笑顔を絶やさない社交性で、近所の人々に恐怖を必死に訴え、協力を求めても「悪いけれど、あなたがどれだけ言っても、何を言っても私は信じない」と言われ、私は二十八年間この女と一人で戦うはめになった。

誰もが認める美しい顔とあの笑顔の女が、そんなことをするはずがない、と皆が考え、私の訴えを「信じない」と言うのも無理からぬことであった。その女を私より以前から知る人が「あなた殺されるよ。あの女、普通じゃないんだから。気をつけないと、ほんとに殺されるよ」と言ったし、また別の人に「あのサバイバルナイフで何をしようとしたんだろうか」と聞いたら「そりゃー、顔を見られたからと言ってあんたを殺すために決まっているじゃない」と言われたりした。

叔父は「もうどこか引っ越しなさい」と言うし、別の人は「恐ろしい、よくそんな所に一人でいられるね」と震え上がっていたので、本気で引っ越しを考えもした。

ガンジー様ではないけれど、完全なる無抵抗非暴力主義である。その当時は、この命を狙われるという恐怖が二十八年間も続いた。四、五年前、その女が家族と共に引っ越していったとたん、私の身に安全が訪れ、まったく信じられないほど何事もなくなった（それほど遠い所ではなく来ようと思えば来られる近さなので私はまだしっかり身がまえていたが、以来まったく来なくなった）。

四、五年前まで警察に電話し「あなたの住所は？」「国分町です」「あ、○○さんね」と町名を言うだけで私の名前は警察本署まで知れ渡り、近くにある派出所の地図には女の家にマークが付いていた。

『神への便り』を、今年でもう三十三年経つが、これを書き始めたとたん、命を狙われ出したのだ。執拗に執拗に、それはもう並みの執拗さではなかった。女が家族で引っ越した後、女の息子が二十代の若さで心臓マヒであっという間に死んだ、と聞いた。私はじっと耐え、無抵抗を最後まで貫いた。自業自得というものである。

後でふと思ったが、「霊なる神」を語り、人々に伝えようと懸命になり始めた私に、しかも、イエス・キリストの再臨を人々に伝え始めた私を殺し、抹殺しようと、あの美しい、誰もが引き込まれるほどの美しい女を使って、ルシファーがこれを実行しようとしたのではないかと思った。

ルシファーにとって、最も忌み嫌うことを私が書き始めようとしたから、誰もがそんなことをするはずがないと思うような、美しい、人を惑わす笑顔を振りまくあの女を使って、この私を殺そうとしたのではないか、と、今でははっきりとそう思っている。

二十八年間の戦いと苦しみは消え、私は思う存分、自由に書ける喜びにひたっている。私は今、完全に自由である。書く喜びにひたっている。


昨夜ビートたけし氏が、「義援金をなぜさっさと被災地に渡さないのだろう」と言っていた。もう三週間以上も経つのに、義援金の話は一切出てこない。海外や日本国中から集まっているはずの、前古未曾有の日本国再建のために、日本国中、世界中から集められているはずの地球規模の前古未曾有の義援金が集まっているはずである。

日本国中、世界中の人々からの善意の義援金が、なぜさっさと被災地に渡されない？　たけし氏が「それがどこへ行ったのかをはっきりさせてほしいよね」と言っていたが、普賢岳の時のように、何かはっきりしない。今回は普賢岳どころの義援金ではない。

（当時首相だった）菅さんは一切表に出てこない。官房長官の枝野さんばかりが一人でずっと最初から出ずっぱりだったが、今日は初めてネクタイに背広で「義援金は本来地方の自治体でまとめて扱うのが今までのやり方であるが、今回は国がまとめて被災地へ送ることに決めた。何しろ広範囲に及ぶので後で検討して云々」と言っていたが、さっさとしろ！　と言いたい。たけし氏ではないが、「いくら送ってどう使ったかもはっきりさせろ！」である。八七〇億と言っていたが本当にそうか？（その後また増えている）

地方自治体などに任せたらとんでもないことになる。被災地へなどは決して行かない。今度は私は国を疑っている。三週間以上も経つのにまだ被災地へは一円も渡していないというのである。今から、これからばかり繰り返して。この日本の危機が起きた数日後、（当時の）与謝野《よさの》大臣は「この際税の見直しもあり得るかと」と記者会見で言い、政権の内部からもひんしゅくを買っていた。

自民党党首も、未曾有の地震、津波のすぐ後に、「増税を」とはっきり言ったため、記者たちからやり込められ「増税」を引っ込めた。この連中の頭には国民からむしり取ることしか、増税のことしかないのである。まず議員の給料を減らせ!! 有象無象いて遊んでいる、国のために何一つも役に立っていない。役立たずの議員をどんどんリストラしろ!! でないと日本はほんとに滅ぶ。もはやひん死の状態である。

議員たる者がたったの一万円ずつを集めて、それを誇らしげにテレビに写させる馬鹿議員たちがいる。彼らのような有象無象の役立たず議員たちのせいで、「民滅び、国滅びる」のである。アフガン再建に五千億もの金を支援すると（当時の）菅首相は言ったが（今は野田首相になっている）、国民の税をわがもの顔にばらまくトップのいる国など、残念ではあるが、世界の中で、この地球上で、一番最初に滅びるのである。前著『預言の書』にはっきりと、間違いなく私はそう書いている。心ある人は読まれたし。

「国会議員たちは一体何をしている!! 霞ヶ関の議員たちは何をやっているのだ!!」

「霞ヶ関の議員たちに手伝いに来てほしい」と涙ながらに町長が訴えていた。皆被災した者ばかりで手が足りず、もうどうしてよいかわからないのである。

今日も物資は集まっているが、人手がないために、それを配ることさえできずにいる、とテレビで言っていた。霞ヶ関の議員の批判をされて、小泉議員が一人だけ記者を引き連れて、天皇・皇后のように手伝いなど一切せずあいさつだけして回っていた。何という国のトップたちであろう。こんな時に地方選挙をして、今日もスピーカーでがなり立てている。虚しい言葉を。もはや国民の誰の耳にも彼らの声は聞こえてはいないだろう。

公民館に選挙箱を何ヶ所もしつらえ、いつも通りの選挙の風景を前にして、浦安市長が目に涙を浮かべ「選挙どころではありません」と言い、候補者たちも、「国民の意志を無視すること」と言っていた。どちらが正しいか、おのずとわかるが、私が驚いたのは被災者の老人の一人が、「この現状を立て直してもらうため、選挙は必要なのに、自分たちの意志を無視するものだ」とテレビで言っていたことである。

「いつまでも延ばしてくれと言っているのではない。今はとても選挙に行ける状態ではない。現場に来てそれを見てほしい」と懸命に訴える浦安市長が正しく、候補者やこのじいさんのように選挙に行きたいと一人でだだをこねる者は、自分のことしか考えない、多くの人々のことをまったく考えない、まさしく一人よがりの利己主義者以外の何ものでもない。

心配しなくても必ず、間違いなく、この日本は一番最初につぶれる。ギリシャのことを日本人はまるでよそごとのように「ああだ、こうだ」と言っているが、ギリシャより、イタリアより、この日本が真っ先なのである。おめでたい日本人。ノー天気な日本人。人の苦しみを我がものとしない無関心で愛のない日本人。霊なる神によって、救われる者と火の釜に投げ入れられ、消滅させられる者とを霊なる神が今厳選されている。富士山もイエローストーンも、ベスビオ山も巨大噴火を起こす。

私は今ここではっきりと言っておく。生き残った者は洞窟で暮らさねばならぬ時が必ず来る、と。物資も仮設住宅も誰も運んだり仮設の住宅を造ってくれる者などただの一人もおらず、生き残った動物たちと共に、人間も動物同様、穴ぐらで、洞窟で暮らさねばならぬ時が必ず来る、と私はここではっきりと宣言しておく。そして、これが最後ではない、ともはっきりと今言っておく。まだ今、人類滅亡は始まったばかりである、と。ある記事によると、こんな時に天皇・皇后は女性宮家の創設を政府に要請されたそうで、政府で検討するそうである。急を要する、と羽毛田長官は言うが、こんな時によくもまあ、天皇・皇后は一体どこを見ておられるのか。

高濃度に汚染された大量の水の廃棄する場所がなく、今日から海に放出する、とテレビのニュースが伝えている。放出するのは薄い濃度の放射能に汚染された水、という言葉にだまされてはいけない。子供でもわかる通り、高濃度汚染水を捨てる場所がないから海に捨てるのである。

それに原子炉からの放射性物質を含んだ水が海に流れ出ているのが今も止まっていない。ニュースでは、原子炉が海に沈む可能性があり云々、と言っていたが、どういう意味なのか。危機感のない、恐ろしい事態が起き始めた。目に見えぬ恐怖であるから、政府も電力会社もどうとでもいえる。

目に見えるものであればそうはいかぬが、まったく目には見えない。臭いもしないからどうとでもいえる。国民がパニックを起こさないようにそう言うのであろうが、真実を知ったなら国民の政府への怒りと東京電力への怒りは爆発するだろう。

人間他人事だと思っている間は目もくれないが、我が身の命にかかわることだと知ったとたん、怒り狂うのである。もはや政府や電力会社の責任を追及したところでどうにもならないところまで来てしまっている。もはや後の祭りとなっているのに、いくら騒《さわ》いでもどうしようもない。

このことは、霊なる神が「海は汚染され、海の魚はすべて死に絶え、あなた方はもはや海の生きものを食べられなくなる時が来る」と、もう三十年以上も前にいわれていたことである。三十年以上、霊なる神の言葉を必死で伝え続けたが、誰一人耳を傾ける者などいなかった。ついに神の、霊なる神の人類絶滅へのカウントダウンが始まってしまったのである。

キリストの日本再臨を必死でこの三十数年訴え続け、知らせ続け、人間が〝愛〟を取り戻さなければ、霊なる神とイエス・キリストの怒りの鉄槌が、最後の審判が、全人類の上に振り下ろされ、みんな死に絶えますよ、とノアの大洪水の時のノアと同じように人々に懸命に訴え続けてきたが、誰も信じる者などいなかった。

この日本に、イエス・キリストが再臨して、今もこの日本にイエス・キリストがいる、と言っても、これからも誰一人としてこれを信じる者はいないだろう。どれほど叫んでも人間は変わらない。これが三十三年（今年で三十三年目になる）頑張って、神からの伝言を必死で伝え続けてきた私の偽らざる気持ちであり、感想である。

死ぬ者は死ね！　滅びる者は滅びよ！　今私はこういう心境に達している。救われる者、新しい霊なる神の創造の惑星、水晶色に輝くあの美しい惑星。救われた者のみが行く新しい天と地。肉体が滅びてのち、本来の美しく光り輝く、霊なる神によって創造された霊なる神の霊と光によって創造された人間の本来の姿となって、肉体が滅びたのち、神に選ばれ、霊なる神に厳選された者のみがそこ、新しい天と地へ行く。死んで腐り、おぞましい骸骨《がいこつ》になる肉体など本来の人間の姿ではない。霊なる神の「霊」と「光」によって創られた霊体こそが人間の本来の姿である。

救われて、新しい天と地へ行く者は、肉体を脱ぎ捨てて、つまり肉体の死を迎えて、真実本来の光り輝く美しく若い霊体の姿となってそこへ行く。だから死を恐れてはならない。死は肉体を脱ぎ捨てて、美しい霊体へと生まれ変わることであるから、死を恐れることは一切ない。死は肉体という衣服を脱ぎ捨てて、本来の霊体へと生まれ変わることであり、その時人々は肉体の重さ、痛み、苦しみから解放され、この世では味わったことのない軽さとえも言われぬ心地良さと、安らぎと歓喜に包まれるのである。

肉体の死の時、霊なる神は人間に苦しみを与えないよう意識を失くされる。意識を失くした状態は、もうすでにこの地上で味わったことのない、歓喜とえも言われぬ心地良さと、軽やかな至福の状態にある。だから意識を失ったら、喜びに喜ぶ状態であり、この状態で静かに霊なる神が心臓を止められるから、もはや歓喜とえも言われぬ心地良さ、至福の幸福を味わって意識を失くしている者にとって、一切の苦しみはない。

もはや心臓を止められようが、肉体が滅びようが、もはや魂は歓喜に包まれているから、肉体の意識を失うことを、私たちは喜びに喜ばねばならない。それは霊なる神が人間に与えられた「愛」である。

神の正体は「霊」であり「愛」である。この二つ以外の何ものでもない。この霊なる神の「霊」と「光」とで人間は、人間の霊体は創られている。

そこまでは誰でもが平等に味わう。今、愛の神から人間への裁きの神、怒りの神へと変わられた霊なる神に厳選され、新しい天と地で、もはや死のない世界で永遠に生きる者と、火の釜に投げ入れられ、霊体を焼き払われる者、つまり霊体の死、霊体の抹殺、これはイエス・キリストでさえできない。人間の創り主、霊なる神以外、霊体の抹殺はできない。

第二の死、霊体の抹殺が霊なる神によって行われる。最後の審判のタイムリミットが来たのである。

イエス・キリストは山を動かし、海を動かす。イエス・キリストが今、日本に再臨したが、二千年の時を経てイエス・キリストは再臨し、人類の頭上に「火」と「水」の洗礼を、もはや容赦もなく怒りを人間に降り注ぐために、霊なる神の使命を持って再臨した。恐るべきイエス・キリストの火と水の洗礼と、もはや人間を赦《ゆる》さぬ霊なる神の怒りの鉄槌とで、すべての地上の動物も人間も死に絶える。

火で焼き尽くし、地球をおおう巨大な水で洗い流し、最後には、太陽、月、地球、そして太陽系銀河が燃え尽き、大いなる日星、月星、地星と共に、太陽系銀河、大いなる太陽系銀河が燃え尽き、消え失せる。

「海よ、出来よ、人間のために、魚よ泳げ」「海よ消えよ、地上のすべてをおおい、地上のすべてを消し去れ！」。これだけでいいのである。霊なる神にとっては。いとも簡単なのである。

これから霊なる神の恐ろしさを人間は思い知るだろう。イエス・キリストの起こす災害に、全人類が震え上がることだろう。もう私の知ったことではない。何せ今年で三十三年目に突入したが、イエス・キリストの日本再臨も、霊なる神が「改心せよ！　改心せよ！」と激しく打ち鳴らされる、私の耳に鳴り響き続けたそのことを、どれほど声を大にして知らせ叫び続けても、誰一人耳を貸す者などいなかったのだから。

もう私の知ったこっちゃない。まだこうして誰か一人でも新しい天と地へ連れ行くために、あきらめずにこうやって書いていることを、私の「愛」だと思ってほしい。

私に愛がなかったら、誰も聞く耳を持たぬ者ばかりなのに、いまだこうして書き続けるなどあり得ない。一人でも新しい天と地へ行く者を捜すために。

そこへ行く者は「十四万四千人」である。地球上の人間のうち、そこへ行ける者は、「十四万四千人」だけである。あなたはどうするのか。霊界ももうなくなって今までのようにもはや行く所はない。銀河の消滅によって、今まで行けていた、あるいは帰る惑星のあった者たちも、もはや帰る惑星は消え失せる。

それどころか帰る前には火の釜に投げ入れられ、「神はヒットラーだ！」とか「神は悪魔だ！」とか、「神は人殺しだ！」とか言いながら断末魔の苦しみのあまり、さんざん神を恨み、呪う言葉を吐きながら抹殺され、消滅させられるのである。

今、神、霊なる神も、イエス・キリストも、もはや人間に愛のかけらも持ってはいず、霊なる神に愛された者以外、新しい天と地へと住まわせる者以外、愛のかけらもなく、容赦はない。後悔先に立たず、であり、後の祭りであり、さよならバイバイである。

霊なる神とイエス・キリストが、もはや人間に対して愛など持ってはいず、容赦のないように、この私も、これから容赦のないことを書く。文句のある者はほざいておればよい。

私は霊なる神からの言葉を伝える伝達者である。霊なる神からの言葉を伝え、思いを伝えるだけの、ただの神の伝言を人々に伝える伝達者である。その神が容赦のないのなら、この私の言葉も容赦のないものとなる。これから私の書くことは容赦など一切ないものとなる。霊なる神と、イエス・キリストの人類への審判のタイムリミットがもはやなくなったからである。

「霊」なる神を信じ、認識する者以外、霊なる神は救われない

海外も、そしてこの日本人も、この大災害で終わり、と思っているようである。日本人のごく少数の人は、これでは済まない、これと同じぐらいの巨大地震と巨大津波が必ず来ると、警戒している人たちがごく少数いる。しかしこれから始まる地球規模

で起こる災害のことまでは考えていないようである。

もはや東も西も南も北もない。白人も黒人も黄色人種も、イスラムもキリスト教もない。地球規模での、いいや、宇宙規模での最悪災害破壊が待っている。

何々教団に所属している人たちは、助かりたいならば今すぐそこから脱出し、個人個人に一人一人に、今すぐに立ち返るべきである。なぜならば、新興宗教をはじめ、何々教団に所属している者は、霊なる神の「命の書」に記されていないからである。何々教団や新興宗教に今所属している者は、教祖と共に皆滅ぼされる運命にある。

そこから脱出する勇気があるか。個人個人、一人一人の自分の選択にすべてはかかっている。重ねて言う。新興宗教や何々教団の者たちは、教祖をはじめ、信者の一人残らず、神の「命の書」には記されておらず、一人残らず滅びる運命にある。三十三年間も同じことを言い続けなければならないこの私の身にもなってほしい。私はもういいかげん同じことを繰り返し言うことに飽きた。ほとほといやになっている。

三十三年間も一人一人に、個人個人に立ち返りなさいと言い続けてきたが、同じことを言わねばならぬことほど疲れることはない。どのみち世の中は何も変わらず、このまま審判へと突入するだろう。もはやもう聞く耳のない者のことなど知ったことではない。

「その道はあぶないよ、その先は崖だよ、崖から落っこちるからあぶないから、絶対に行っちゃだめだよ」といくら言っても、人の言うことに聞く耳持たず「いいや、あなたが何と言おうと、私はこの道を行く」と言うなら、もう止めようはない。勝手に行ってもらう他ない。たとえそれが滅びの道だとしても、もはや誰にも止められはしない。ただ一応、再度再々度忠告だけはしておく。


もはや「霊」なる神を信じ、認識する者以外、霊なる神は救われない。人間は霊なる神の「霊」と「光」とで創られている。DNA操作によって人間の手で創られた者たちにはこれが認識できない。

「人間の祖先は猿」、それを何の疑いもなく信じる者たち、「人間の神は龍」「人間の神はキツネや蛇や象《ぞう》やウサギやニワトリや」とそんなものまで祀る神社やそれをありがたく拝む人々までいる。一体どこがどのようにありがたいのか、もはや何をかいわんやである。

目には見えない「霊なる神」を「聖霊」を信じ、認識する者以外、もはや救われ、新しい天と地には行けない。どれほど反発しようが、私に攻撃を加えようが、これが真実であり、事実である。

「神はいない。神などはじめからいない。神は死んだ」などと言う者は、またそれを自分の頭で考えることもなく鵜呑みにし、そうだ、そうだ、と思い込み信じる者など、もはやいっしょくたに、天の使いたちが手伝いに駆けつけねばならぬほどの大量の人間を火の釜に投げ入れ、その人間のあまりの多さに焼き払うのに苦労するほど、すべての霊魂、霊体が焼き払われ、消滅する運命にある。

神になりたがったごう慢人間が、霊なる神の恐れを知らぬ浅はかな人間たちが、あるいはまた、偶像を礼拝する無知なる者たちが、知恵なき者たちが、霊なる神によって、今、この日本に再臨したイエス・キリストによって、大審判の後、すべて消え失せる。教祖はそれに連なる信者と共に、帝《みかど》（天皇）はその国民と共に霊なる神の審判によって火で焼き払われ、水で流され、消え失せる。偽善と欺瞞《ぎまん》はかくして消滅する。

霊なる神とイエス・キリストの審判は、偽善と欺瞞をもはや許さず、権力を許さず、千数百年の歴史を誇る帝《みかど》（天皇）とそれに連なる者、千数百年の歴史を誇る伝統的キリスト教会とそれに連なる信者たちを滅ぼす。歴代の聖職者のほとんどすべてが今まで地獄に落ちていたように、帝（天皇）と、そしてそれにまつわる者、それに近き者のすべては今まで長い長い歴史の中で、すべての者が地獄へとまっさかさまに落ちている。もはや霊界はなくなる。この世で、またあの世で、地獄の苦しみを味わわされた後、肉体も霊体も、見事に消滅させられる。

この時「愛の神」から「怒りの神」へと変わった。そして「愛を説き、愛そのものであり、愛以外は何一つ持たなかったイエス・キリスト」の怒りのすごさに帝《みかど》（天皇）と皇后、その息子や嫁たちは震え上がり、またこれらの偽善者に付き添い、この偽善と国家権力の長で千数百年の時をあり続け、これらの者がすべて地獄へ落ちていることさえ知らぬ無知なる者、いまだいる盲目の無知なる者と共に、火の釜に投げ入れられ、消滅する憂き日となる。

これは霊なる神の計画、シナリオであるのだから、人間などどうあがいたところで太刀打ちできる者など地上の人間には誰一人いない。霊なる神を殺そうと、宇宙に向けて矢や鉄砲や、原爆や、クラスター爆弾や、空に向けての爆撃や、大量兵器を総集結させ人間を抹殺する「霊なる神よ！　死ね!!」と頑張ってやってみるか？　何かそうと知った愚民が、本気でやりかねない気がしてきた。

ごう慢人間たちの、頭のカラッポの、ごう慢人間の頭の中はカラッポである。小手先は上手く、神のごとくに見えることがあるが、愚民をだますには十分であるが、霊なる神から見れば、ため息の出る、頭も心も魂もカラッポ人間である。偽善と欺瞞に自ら気づかない人間など、もはや霊なる神にとって必要などない、悪でしかない。

漫画家のKさん、この日本の壊滅状態、もはや立ち上がるのは不可能（皆日本国中から元気で立ち上がろう！　立ち上がろう！　と叫んでいるが、これで日本が終わりではない。さらに大きな災害が日本国を襲い、壊滅する。それを知らぬ者がのほほんと、これで終わりと思っている）。

Kさん、この日本危機に対するインタビュー記事で、わけのわからないことを言った後「天皇は日本国民のために今も祈っておられる」で締めくくっておられるが、天皇を論じた本にも、「天皇を皇室をもっと日本国民は敬え!!」と繰り返し書いて言っておられるが、「皇室は祈りの場でありたい」と天皇も皇后も言い続け、祈り倒すように祈ってこられたであろうが、この日本の千年に一度といわれる壊滅状態を見れば、皇室の祈りがまったく神には届いてはいない、ということではないか。

わずか三分間のビデオメッセージを国民に送るのに三時間かかった、と。おそらく原稿の推敲《すいこう》をしておられたのだと思う、と記者が語っていたが、この日本国の危機に、わずか三分間のメッセージに三時間もかけて推敲する必要がどこにあるのか。ビデオメッセージの発案は皇后だそうである。今、この時に、女性宮家の創設が急務だそうである。

この日本国民が二万八千人の死者・行方不明者を出し、震災直後であるため、いまだ一万五千人の遺体があがらない日本国民の危機の時に、メモを見ながらしかしゃべれないのか。推敲するほど、わずか三分のメモを、三時間もかけるほどのんびり、ゆったりするほど、暇なのだろうか。危機感がないのか。

あの地震の時、皇居神殿に二人でおられたそうである。赤坂迎賓館というものがあるのに、わずか二人しかいないのに（お付きの者はいるが）、国民の税で造られたあの巨大な皇居神殿のことをどう思っておられるのか。

東大病院がかかりつけになっているのだから、宮内庁病院は27床もある病院なのだから、一般人は診療を受けてはならぬなどと言って診療所を27もある病院ベッドは皇室のためだけに存在するが、東大病院にかかっているのに、宮内庁病院にいる医師や看護師たちは日頃どうしているのか（編集者に調べてもらったら、天皇・皇族に加えて、宮内庁・皇宮警察本部の職員やその家族、病院職員の紹介を受けた者のみが受診可能だそうだ）。宮内庁病院をそんなに欲を張らずに国民に開放したらどうだ？

この災害で帰宅困難者が続出しているのをしり目に、皇居神殿と宮内庁病院ぐらい帰宅困難者に開放したらどうだろうか？　国民のために祈る場と言うのなら。いつそれをやるのか私はテレビを見ながら待っていたが、ついにそれはなく、国民は数時間もかけて歩くはめになった（その後、宮内庁病院では被災者を受け入れるようになったようだが、10床とは少なくないか）。

国民の税金10億をかけて改修されたばかりの東宮御所もある。何が国民と共にあり、国民のための祈りの場だ。祈ってもらう必要などない。こんな偽善者のトップ、帝《みかど》（天皇）夫婦に。皇后に首ねっこをつかまれて、嫁に首ねっこをつかまれて、女たちの言いなりにされている帝《みかど》や皇太子などありがたくも何ともない、というのが私の意見だ。K氏ががなり立てるように、もはや私には尊厳のかけらもない。裏にある偽善を知っているからである。見えない者には見えない。心の盲人にはこの裏が見えない。心の盲目ほど恐ろしいものはないし、人間の最たる悪はない。イエス・キリストを死に追いやったのは人間の心の盲目。心の盲人がイエス・キリストを殺した。心の盲目は悪であり人間の大いなる罪である。

今年も例年と同じく、皇太子一家はスキーを楽しむため、ホテルの借り切り予約をしていたそうである。夫婦と子供一人のために、ホテルを借り切る。これは昔、天皇・皇后が皇太子、皇太子妃の頃、子供たちがまだ小さい頃から保養の度にやっていて、国民から非難と批判の声が上がったため自分たちの別荘である保養地へと変わったが、皇太子が結婚し、子供が生まれ、最近になってまた昔の国民の批判、非難を受けたことを忘れたのか。皇太子夫妻と子供一人のために東宮医師団をはじめ五十人の職員がいる。これ以上の皇族を養う力は国民にはない。

雅子妃に首ねっこをつかまれて身動きとれなくなって、なさけないほど雅子妃の言いなりになっているが、この借り切りホテル代、三人の他、警備の者や侍従や召使いやも一緒だからホテル丸ごと借り切りなのだろうが、5日間であったか一週間であったか忘れたが、一千数百万円。数百万の数字が計算してはっきり書いてあった。一千だけは覚えているがあとの数字は忘れた。

一度は昔、国民の批判を浴びて取り止められていたことが、マリー・アントワネットのような妃を迎えたことで復活したのであろう。

東日本大震災から半年が経ち、ここへ来て雅子妃への猛烈な批判が一斉に吹き出している。私のように皇室に対してずけずけと言う者など今まで一人もいなかったのに、私以上にすさまじい。まるで今まで抑えていたものが吹き出した、という感じである。

五社の週刊誌に載っていたことをまとめると、「雅子妃は異常だ！」、宮内庁担当記者は、「震災で大増税されようという時期に（小学校校外学習でインペリアル・スイート（一泊12万円、懐石料理）に宿泊されているとは〝税金泥棒〟という言葉を思い浮かべました」「学習院保護者が激怒」したのは本来、親が付いていってはいけない校外学習に、一人だけ雅子妃がべったり付いていったからだという。

子供の乗ったバスは皇居警察、東宮職職員が乗り込んだ二台の車が護衛したという。本来、親は行ってはいけない校外学習に、二泊三日、十分遅れで参加し、昼食まで同じ物を食べ、愛子様とまったく同じ行動をとられたとか。

雅子妃の警護に白バイ2台、警視庁、神奈川県警、山梨県警、私服警察。三都県に一日五百人。三日間で千五百人態勢だったという。二十四時間態勢の警護で、交代で泊まるホテルの経費が1日約一千万、三日間で三千万。両陛下と皇太子一家の警護経費はもちろん国費（税金）である。ある識者は「雅子妃は、一体誰からそんなに自分の身を守ろうとしているのか」「皇太子はこれをどう思っているのか」と述べていた。

ある宮内庁関係者によれば「雅子様にとっては記者たちの批判は、強いショックだったそうです」。雅子様にとっては、こうした批判は予想外のことだったようだ（『女性自身』10月18日号）。その後もいきなりキャンセル、愛子様休校、再び雅子妃付きそい登校、などなど。ブータン国王夫妻が来ても一人だけ知らんぷり。愛子様の学校について行っていた。

校外学習の現地に行って、そこに住んでいる人たちに実際に聞き込み調査をしたのはテレビ朝日だけである。昼十二時のテレビ朝日の番組で「延々とどこまでも大渋滞、一人一人警察が検問を行い、ストップさせられたため、一般人は誰もそこには行けなかった。雅子様がお手ふりをして、にこやかに、とてもお元気そうで、お美しかったですよ」。インタビューを受けた人たちはその時のことをそう語っていた。

前著『神への便り』にも皇室批判を堂々と書いてきた私は、今までボソボソとしか言わない人ばかりで、こんなことを言うのは私だけかと思っていたので、これらの人々の激しさに仰天している。私にとっては味方ができたようで、これほどうれしいことはない。

「こういう者の存在を私はもはや許さない」と霊なる神が言われているのである。こう慢と偽善者をもはや許さないと。天皇や皇太子の首ねっこをつかまえて自分の言いなりにさせるというのはごう慢の極みであり、外に向かって「国民のために祈る」などということは偽善であると私は思う（何度も言うが、こんな時に、女性宮家創設である）。

その証拠に日本も、日本国民もこの有り様である。しかし、政府も帝《みかど》（天皇）も、あの皇居にいる者たちはまだ自分たちは安全だ、たとえ国民が滅びようとも国の政府も皇居住民も皆自分たちだけは救われる、安全だ、と思っているのではないか。

K氏は超有名人だ。何しろ有象無象の芸能人やら歌手やら野球選手やらと一緒に招待状をもらって皇居神殿に招待され、政治家にもたくさんの知り合いがおり、テレビに出たり、この日本国災害でコメントを求められ、顔写真入りで週刊誌に載る人である。日本人でこの人の名前を知らない者はいないというほどの著名人だ。片や私はまったく無名のただの田舎町に住む普通の人間に過ぎない。

そのただの普通の田舎者からたとえ何を言われようと、K氏にとっては「蚊」に刺されたほどにもならないはずである。この私の言うことに怒り狂うなら、せっかくの著名人が、普通のただの人よりもレベルも魂も下《した》という証しである。怒ってもらっては困る。

私はあなたのために言う。この期に及んでまだ、顔は確かに引きつっていたが「天皇、皇后は今なお国民のために祈っておられる」などともう言わない方がよいと思う。長い年月を祈りに捧げたこの結果をみれば、その祈りが「霊なる神」にも「イエス・キリスト」にも届いてはいなかった、という確固たる証しではないか。それどころか、聖職者のほとんどが地獄に落ちているのと同様、帝（天皇）にまつわるほとんどの者がすべて地獄へと落ちているのである。

もはや天皇に関する著書など書いている場合ではないことは、あなたの引きつった顔写真を見てわかったし、「天皇、皇后は国民のために祈られている」という言葉は、これから一切発しないことである。最後の審判がもう今始まり、霊なる神とイエス・キリストのタイムリミットは、人間を消滅させるという霊なる神の計画、シナリオ、そのためにこの日本にイエス・キリストが再臨した。

この霊なる神とイエス・キリストの審判のタイムリミットはもう人間にはない。もう始まった。このままで行けば、あなたの考えに固執するならば、天皇家と共にあなたも滅びると思う。消される。抹殺される。霊魂共に。

新しい天と地へは決して行けない。どれほどこの世で有名であろうと。私に反撃するならば。霊なる神のタイムリミットはもうない。しかし、人間のタイムリミットまでまだ二十年がある（これを書いた時点で二十年だから、二〇一二年が来れば十八年だ）。

皇室のことは皇室が自分で考え、自分で心配する。あなたは一人に立ち返り、見えなくなっている目をしっかり開いて、目を覚まして、真理に立ち返り、霊なる神に許しを乞うて、これからをいかに生きるべきか、一人に立ち返るべきだろう。

皇室宗教を捨てて、新興宗教や何々教を握りしめている者たち同様の、皇室信仰、皇室宗教を捨てて、素手で一切何も持たず、生きるべきではないか。それでもいやだと言うのなら、皇室と共に滅びるがいいと思う。私の前著『預言の書』と『神への便り』を読んでほしい。ここまで言うのは厳しいことのように見えるが、これは私の「愛」である。

桜が満開の季節になったが、桜を愛《め》でる気分にはならない。もうひと月が経とうとしているのに震度5、震度4それに震度3の地震はもう一日に数え切れないほどいまだに続いている。

新燃岳の巨大噴火の後、震度3の地震が北や南に関係なく連日起きていた。震度3の地震を甘く見てはいけない。次はどこが噴火するのか、富士山か、イエローストーンか、ベスビオ山か？　それともどこに巨大地震が起こるのか、次は一体どこに来るのか？　と恐れながら思っていた。思った通り、審判のスピードが早まり出した、と感じていたからである。

スピードが早まり出したことを肌で感じていた。すると突然ニュージーランドで巨大地震が起き、日本人を含む二百人がガレキに埋まり、ひと月が経った頃、もう捜査が打ち切られ、誰の目にも生存者はもういないとわかる惨状であった。二百以上の人々がガレキと共に消える。

この二ヶ月前に同程度の地震が同じニュージーランドで起きている。最初の時は同じ程度の地震であっても死者は一人も出ていない。二度目が恐ろしいのである。間を置かずやって来る二度目の方が、地震も津波も恐ろしいのである。

二〇〇九年に、死者・行方不明者二十数万人以上の地震と津波が起きている。日本に起こるわずか2年前である。その後に、台湾で巨大な山が一瞬にして消えてなくなり、山の下の建物に避難していた人々が、一瞬にして山の下敷きになり、建物もろとも埋まってしまった。恐ろしいごう音と地響きと共に巨大な山の下敷きとなり、愛する者が埋まってしまった。山が一瞬にして崩れる、という恐怖と、もはや助け出す術もない状態に、「埋まった！　埋まった！　建物が埋まってしまった！　山が崩れた！　恐ろしいごう音と地響きがしたかと思ったら、山が崩れ、建物が埋まってしまった！　あの中に私の家族がいる！」と男の人が叫んでいた。

もはや霊なる神とイエス・キリストの最後の審判は容赦などないのである。

ニュージーランドの地震の恐怖がまだ覚めやらぬうちに、片足を切り取られ助かったあの男の子がやっと日本に帰ったばかりというのに、日本人の身元確認がまだ続いている最中というのに、2011年3月11日、午後2時46分、マグニチュード9・0の恐るべき超巨大地震と30メートルにも達する超巨大津波が押し寄せ、町々のすべてを、二万八千人もの人々をのみ込んだ。3月21日時点でまだ一万五千人の遺体が見つかっていない。

五市町村では、役場や役場の人々や消防車や消防団員まで波にのまれてしまったため、この五市町村の死者、行方不明者を調べることさえ不可能な状態という。福島県の人々は政府と電力会社に振り回され避難所を転々とし、置き去られた犬や猫、牛舎に入れられた牛たちが、食料と水をもらえず、もはや足も立たなく弱っていた（その後、たくさんの犬や猫、牛の死に絶えた写真を見て、私の胸は押しつぶされ、恐怖に震えた）。

片足を引きずりながら、泥だらけの体で、ガレキと化した町の中を飼い主を捜して歩く犬が写真に写されていたが、人間の悲劇もさることながら、動物たちの悲劇には涙が出る。水も食料も与えられず、立つこともできぬほど弱り切って死を待つだけの牛の姿や、飼い主を捜し求めてガレキの中を体を泥だらけにして廃墟の中を歩く犬の姿に、私は涙した。

物を言わぬだけで、動物にも喜びや悲しみや淋しさがあるし、人間とまったく同じ感情を動物は持っている。ただ人間のように言葉を発しないだけで、苦しい、つらい、悲しい、と言葉にしないだけで、一人でじっと耐え、一人で恨み言も言わず、静かに一人で死んでいく。動物は恨み言など一切言わず、死ぬ時でさえ恨みの一言も言わず、一人で静かに死んでいく。動物ほどいじらしい存在はない。

霊なる神は、人間と動物という種の違いはあるが、人間と動物とをまったく同じ、同等の存在として創造された。人間と動物は、上下の差など一切なく、同等に愛するべき存在として創造されている。だから動物の苦しみは私自身の苦しみであり、動物の悲しみは私自身の悲しみであり、動物の死と、人間の子供の死より他に、この世にこれ以上の悲しみはない。

人間の子供の死と、動物の死より深い悲しみは、この世には、この地上にはない。地球を「悲しみの星」と呼んだ人がいたが、ほんとにこの地球は「悲しみの星」である。

霊なる神の創造の、新しい天と地、もはや死のない、嘆きも一切の苦しみもない、病気もない、水晶で作られた、あの水晶色にキラキラと何もかもが美しく光り輝いている、自由と歓喜と愛と喜びに満ち満ちた、もはや死ぬことのない世界へと人々を連れて行くために私は三十三年の歳月を費やして、今もこうして書いている。そこへ連れて行く人を見出すのが私の役目である。

辛らつなことを、厳しいことを私が言えば言うほど、喜び勇んでほしい。

霊なる神からの伝言を伝えること、それが私の役目である。

霊なる神はその日その時を延ばしたり短くされたりする。だからいついつとは私にはいえないが、人間時間でまだ二十年がある。この二十年（先にも書いたが、書いた当時は二十年で、二〇一二年で十八年となる）をどう生きるか。新しい天と地へ行き、永遠に生きる者となるか、霊なる神に、第二の死、霊魂、霊体を抹殺されて消え失せるか、もはや道は二つに一つしか残されてはいない。辛らつで、厳しく激しいことを私が言うのは、「目を覚ましてもらう」ためである。

三十二年間も叫び続けても、誰も聞く耳を持たず、目も覚まさず、いつも鳴くスズメの声と受け流してきた結果がこの有り様である。私の声も激しく辛らつになろうというものである。

作家でもない、作家志望でもない者が、この期に及んでさえこうやって一人でも多くの人を救おうと、一人でも多くの人を新しい天と地へ連れて行こうとこうして書いているのである。これが「愛」でなくて何であろう。

言っておくが「へ理屈」などもう通用しないのである。新しい天と地は「へ理屈」などのかけらもない世界で、へ理屈を言うような者、理屈を並べ立てる者、そんな人間などこの世界へは行けない。霊なる神の嫌いなことの一つ、理屈を並べる人間、へ理屈を言う人間、これは霊なる神に嫌われる人間の要素である。

昨夜11時32分。東日本全域をおおうようにマグニチュード7・4、震度6強、6弱、震度5強の地震が起こり、停電、火災、死者三名、断水が起き、日本列島はまさに悪夢の様相となってしまったが、東日本のすべてをおおうこの地震は異常である。

原発二基も送電線が動かなくなり、緊急用電源で他の基を動かし冷却していると言っていたが、本当に大丈夫なのか。福島原発は高濃度放射性物質を、ひと月近く経ってもいまだに海と空に垂れ流し、気象庁は空の放射線濃度を測定した結果を、国民に発表しなかった。

あまりの高濃度の放射線の数値だったため、発表できなかったのである。その証拠に、韓国の水が放射能に汚染され、韓国の幼稚園、小学校が休校になっている（東日本大震災から七ヶ月が経とうとする10月6日夜11時頃、私の住む九州・熊本で震度5強の地震が起き、遠く離れた私の家も不気味に揺れた。日本列島すべてが地震の脅威にさらされている）。


日本という国は、日本国民は、つくづくおめでたい国民である。我が国のことだけしか見えず「頑張ろう！　あの戦争から、あの焼け野原から日本は立ち上がったのだ。今度も立ち上がれるのだ！」と叫び、まるで危機感がない。この日本の災害でまだ半分以上は浮かれ気分で、日本は復興し、また必ず立ち上がるという楽観主義の者が大多数である。

ひそかに、もはや日本は立ち上がれまい、と思っている人がいるならば、その人は正しい。盲目ではない人である。自国のことばかり考えているまるで危機感のないこの日本人、おめでたい日本人だが、まだあの大災害からひと月も経ってはいないが（注・4月上旬に執筆している）、世界中が今どう思って、何をしようとしているか知っているのか。

盲目の日本人よ。世界は今、本当は日本に怒りまくっている。同情から今、日本憎しへと世界中が変わっている。おめでたい、表面しか見えない愚かなこの日本国民よ。世界中が今、あの大災害からまだひと月も経ってはいないのに、世界は日本国に怒りまくり、海に高濃度の放射性物質を垂れ流し、大型トラック二千数百台分の大量の放射能汚染水を海に捨てたからである。

今までに数千回も原水爆実験を飽きることなく繰り返し、目には見えないのをよいことに人類の頭上に今も放射能を降り注いでいる国々（アメリカ、ソ連、最近は数えきれない国々）に――この日本人でさえ今や二人に一人がガンになるという恐るべき放射能を昔から延々と撒き散らした国々に――彼らは今までの原水爆実験の放射能が空の彼方へ消えていったとでも思っているのか、人間はなんと無知であることか。

人々にガンの苦しみを与えることを考えないのか、もはや人間は無知という他はない。日本が国際問題を起こしたとし、もはや武力行使も辞さないという意味のことをアメリカの権威ある新聞だか雑誌だかが書いていたということをきちんと説明しようとしたコメンテーターの話をさえぎり、すぐにたわいもない話にキャスターが切り変えた（このことはニュース番組では言ってはならないこととキャスターが判断したと私は思う）。おめでたい日本人よ。危機感のまるでない、この世界が怒りに変わっているることさえ気づかない愚民よ。もはやこの日本が世界のどこよりも一番先に滅ぼされても仕方がない。

「この日本が一番最初に滅びる。第二次大戦の時は日本は立ち上がったが、この日本が立ち上がることはもはや二度とない。終わりの始まりはこの日本からである」と私は『預言の書』の中ではっきりとそう書いた。そのわずか四ヶ月後に、前古未曽有の大災害が、千年に一度といわれる大災害が、この日本を襲い、まだひと月も経たない。この日本が踏ん張っている間は世界は終わらない、とも書いた。

霊なる神が昔から言われていることを言っておこう。

「海の魚はすべて死に絶える。汚染され切った海の魚をもはやあなたたちは食料とすることはできない」「生き残った者は、穴ぐらや洞窟で暮らさねばならぬ日が必ず来る」「これは終わりではない、終わりの始まりに過ぎない。皆覚悟せよ！」

数日前、コメンテーターが詳しく説明しようとした話をキャスターがすぐにさえぎり、話題を変えたあのことが、今なおテレビでは一切報道されないが、今日読んでいた『女性セブン』２０１１年4月21日号に書かれていた（（　）は筆者のコメント）。

——東日本大震災の後、海外メディアはこぞって被災した日本人の姿に感動し、称賛をこめて報道した。しかし、福島第一原発事故の発生から時間を経るにつれ、その評価は〝日本人への違和感〟へと変質しつつある（違和感どころか本当は世界中が怒りまくっているのである。表面には出ない人間たちは）。

米国人ジャーナリストがこう話す。

「〝想定外の災害だった〟といわれて片づけられるようなものではない。にもかかわらず、なぜ日本人は政府や東電への怒りをあらわにしないのか。（後略）」

これに対する私の考えを述べよう。

日本人がノー天気で、目の前に我が身に降りかかる災害の恐怖に出合わないと、皆他人事と思うからであり、これほどの大災害であってもまだ他人事と思う人間の方が大多数であるからである。それともう一つ一番大事なことは、日本人が「奴隷《どれい》」だからである。

正義に対して怒らない人間は「奴隷」である。奴隷は決して怒らない。日本人は怒りを忘れた「奴隷」だからである。日本国民は怒りを忘れた「奴隷集団」と言ってよい。命をかけて奴隷解放を訴えたマンデラ氏のように、たとえ牢にぶち込まれようと、アブラハム・リンカーンやキング牧師、ネルソン・マンデラ氏のように、奴隷解放・黒人解放を訴えたために凶弾に倒れようと、正義のために命をかけて戦う勇気があるかどうか、後で私は日本国民に尋ねてみようと思う。このこと次第で、日本が外国のハイエナによってズタズタにされるかどうかの瀬戸際になるであろうから。奴隷で終わるのか、それとも外国のハイエナに食いつくされる方がよいのか、あとでゆっくり尋ねることにしよう。

前掲『女性セブン』にはまだ載っている。

　『ニューヨークタイムズ』紙は、
「日本人はどこまで政府や保安院、東京電力の言葉を信用しているのか。座して死を待つかのような日本人の対応はおかしい」
　という米国人記者の話を掲載。（傍点筆者）

人の質問に答えることほど楽しいものはない。今まで一方的に書くばかりで、質問など一つもなかった。人の質問がこれほどうれしく楽しいものだということを私は初めて知った。実に楽しいものである。人の質問に自分なりの答えを書くことが。どんどん質問がほしいと思った。質問は楽しいものである。

ところで『ニューヨークタイムズ』紙の「日本人は座して死を待つようなものである。座して死を待つのか」であるが、日本の武士道精神に通ずるような、そんな高尚、高貴の精神など今の日本人はかけらも持ってはいない。

「座して死を待つ」などという不動心の、昔の命さえも捨てる武士道の精神など今の日本にはないと思う。皆ノー天気、これほどの、前古未曽有の大災害にあっても福島原発近くにさえいなければ大丈夫、福島から遠く離れてさえいれば、国家も政府も愚民も、個人も皆我よしだから、原子炉からこれだけ離れているのだから自分たちだけは助かる、救われる、何の影響もない、と思って「座」しているだけで、今現在の、そしてこれからの「空と海の恐怖」を知らずに「座」しているだけの話で、まさか自分たちが死ぬ日が来ようとは直接被害を受けなかった者たちは皆そう思い、「座」しているのである。ノー天気に。

私が「座して死を待つ」のは、どこへ逃げても一緒だからである。どこへ逃げようが、地の果てまで逃げようが、死ぬ者は死ぬ。生き残る者は生き残る。それは霊なる神が決められることである。今、現在のことを私は言っているのである。

どこまで逃げようが、死ぬ者は死に、生き残る者は生き残る。座して死ぬ覚悟をしていても、どれほどの放射能を浴びても、どれほど放射能に汚染された食べ物を食べても、生死を決めるのは「霊なる神」である。人間の生き死にを決めるのは「霊なる神」である。まだこれからやって来る災害、災難を受けるべく生き長らえねばならぬ者は終わりまで生かされ、肉体の死を受けねばならぬ者は、どこへ逃げても逃げおおせることなく死ぬ。生き死には霊なる神の領域である。

生き残った者が幸福に暮らせるかというと、残念ながら、「もう早く死んだ方がよい、あの津波にのまれて死んだ人たちの方が生き残った自分たちよりも幸福だった。早く死んでいてよかった」と思う時が必ず来ると私は思っている。終わりまで耐え忍ばねばならない。もはや耐えられない、という苦しみを、耐えに耐えて、最後まで耐え忍び、死んでも耐えねばならない。それはまだ単なる肉体の死であって、霊魂の死、霊体の死、第二の死ではなく、ただの肉体の死でしかない、今はまだ。

本格的な霊なる神によって霊魂が火の釜に投げ入れられ、人間が焼き払われるのはもう少し先のことである。それまでにどれだけの人間が霊なる神へと立ち返るか、どれだけの人間が改心し、新しい天と地へ行く者となるか、この期間は霊なる神が人間に対して待たれる、人間への愛である。人間たちよ、愚民たちよ、耳の穴をほじくってしっかり聞くべきである。阿呆みたいにノペーッとして私利私欲に走ったり、我よしで人を押しのけたり、人に意地悪やいじめや、嫉妬、羨望、妬み、欺瞞、偽善、心の盲目、我よし、ごう慢、どん欲、嘘、人間のこれらの悪を捨て、心から改心し、「霊なる神」に立ち返る時である。

八百万《やおよろず》の神々でさえ、「霊なる神」の命の書に記されている者は一人もいない。八百万の神々でさえ、霊なる神に捨てられ、霊肉共に火の釜に投げ入れられ滅ぼされる運命である。あなた方はどうなのか。そこへ行ける者はわずか十四万四千人である。霊なる神がそう決められた。残された時間は、霊なる神の「愛」である。

ヘトヘトに疲れ切った私に、霊なる神への奉仕に、協力してほしい

本稿を執筆している四月十一日で、この前古未曽有の大災害からちょうどひと月が経つ。

前日の昼間のテレビで、識者と呼ばれる人たちや、知識人といわれる人たちが、日頃の超有名な著名人がずらりと並んで今回の災害について討論していた。ひと月目ということでの討論であろう。

霊なる神について知らない限り、霊なる神のシナリオと計画について知らない限り、どれほど世間から知識人、識者、著名人ともてはやされようと、まるで意味がない。世間の誰もが思い、知っていることを、声高に叫んでいるだけであった。

始末が悪いのは彼らが著名人であるだけに、一般人に向けて教えてやる、という態度で、もてはやされることに慣れている彼らのつまらない討論の内容である。私には雑音にしか聞こえない。もてはやされているうちに、今に谷底まで突き落とされることをいまだ彼らは知らない。

お金持ちで、有名で、何しろ識者、著名人、博学者であると自他共に思っている連中なのだから、他人事のように日本の復興について語っているが、今に、地獄の火の中へ自分たちが突き落とされることにいまだに気づいていない。何しろ霊なる神が見えておらず、その審判のシナリオも計画も知らぬ者がしゃべっているのだから、喜んで、ありがたがって聞く者はそれでよいが、私などうんざりである。もううんざりである。

太平洋戦争の経験者であるにもかかわらず、一番のその中の長老（80歳）にもかかわらず、週刊誌に誰か女の人が書いた天皇讃美《さんび》の記事を読み上げ、「えらく感動した」と言い、「今の若者は天皇、皇后をもっと敬え！　何たる失礼をするか！　なっとらん、今の若者は！」と怒り狂わんばかりに天皇、皇后をもっと若者は讃美するべきだと言っていたが、私が今まで『預言の書』と『神への便り』に書いてきたことを読んだなら、私に対し、「このやろう！　このやろう！　おまえのようなやつは死んじまえ!!」と殺さんばかりの勢いだろう。

80歳の超高名なご老人であり心の盲人であり、天皇宗教、いわゆる、霊なる神の命の書に記されない人間で、宗教信仰者同様、残念ながら、消される運命の人である。二十年（二〇一二年であと十八年）の間に改心するのかどうかは知らないが。この人の言ったもう一つの言葉がひっかかる。「石原都知事がこれは天罰だ！　と言ったが、そういう言い方は言い過ぎだろう」とこのじいさん（失礼）、ご老人は言った。

80歳の太平洋戦争の経験者のあなた、ねえちょっとそこの有名なおじいさん、これは石原都知事が言ったというように、これは「天罰」ですよ。霊なる神様が日本人に与えた「天の罰」「天罰」ですよ。石原慎太郎さんは被災者に向けて言ったのではなく日本国政府や日本国民すべてに向けて言ったことぐらいわかりそうなものなのに、ほんとに有名なだけで頭が悪いね。へ理屈を言う人は天罰と天災の違いを私に教えてよ。私、理解できないから。

歳ばっかり食って、あなた何のために生きてきたのよ。そこのじい様。私が書いたことに対して怒りまくるだろうけれど、どちらが正しいか、必ずちゃんと結果を見てからにしておくれ。目をむいて怒る前に、ちゃんと結果を見てからにすべきであるが、80歳でガチガチ石頭ではもう無理か？

今日週刊誌のビートたけし氏のコラムを読んだが（彼のコラムは語りを原稿にしたものである）、お笑い芸人でありながら、彼の方がずっとすばらしい。彼は実に立派な人である。いつも言うことに感心しているが、先にも書いたように「早く義援金を届けてほしいよね。それがどこにどう使われたかもはっきりさせてほしいよね」彼はボソッとつぶやく、つまり声高に叫ばず、偉そうなそぶりのかけらもなく、これほど有名だというのに常に謙虚でいばりのかけらもなく偉そうにもしない。

おそらくお金持ちと思われるが、常に弱者、弱い立場の者を見ているし、今日のコラムにも感心させられた。「うん、いい男だ」と思いつつ今さっき帰ってきたところである。声高ではなく、ボソボソと大事なことを話すところが、真実的を射ているところが実にいい。ビートたけし氏、人間的に実にいい男である。

難をいえば、例の皇居神殿でのお茶会に招待された時、皇后様からお言葉をいただき、「皇后様のためなら死んでもいい」と言っていた、とKさんが書いていたが、もっと有意義なことのために人間死ぬべきであろう。私はイエス・キリストと出会った時「この人のためなら私は死ねるか」と自問自答した結果、「この人のためなら私は死ねる」そう自分で確信した。しかし、いざとなるとそんなことは忘れ果て、「あんな人は私は知らない、私はあの人の直弟子ではなかった」と言って逃げるのである。80歳で死ぬ時、私は自ら逆さ十字架にかけられて殺されることを要求し、イエス・キリストに心底詫び、逆さ十字架刑を自ら要求した。その詫びが通じたらしく、今世でまたイエスと出会い、イエス・キリストの日本再臨と、霊なる神の代理人として、今もこうして霊なる神とイエス・キリストの大審判について、霊なる神の創造、新しい天と地について、人々に訴え、書き続けている。

イスカリオテのユダ、つまりイエスを裏切ったユダも、狂うほどに後悔し、死ぬほどにイエスを裏切ったことを後悔し、心底イエスに許しを乞うた。狂うほどに後悔し、死ぬ思いでイエスに心の底から許しを乞うた。そんな人間を、イエス・キリストも霊なる神も許さないはずがない。

イエスも霊なる神も「愛」だけしか持たないお方である。イエスが「愛」を説き「愛の実践者」であり、身をもって「愛」を人々に教えたことは人皆知る通りである。霊なる神の正体は「愛」。ただ「愛」のみのお方であり、殺す者ではなく、人間・万物を「生かす者」であり、創造者である。

天と地との、人間・万物の、創造者である。「愛」と「許し」によって裏切り者、悪魔のように二千年間もいわれ続けてきたイスカリオテのユダが、天国へ行ったことは、『預言の書』でもう繰り返し述べた。パウロはごう慢の罪で地獄へと行ったが、イスカリオテのユダがイエスと同じ天国へ行ったことは、私は繰り返し霊なる神に教えられ、そのことを人々にはっきりと伝えた。ごう慢による罪は決して許されないが、人間の弱さによる罪は許される、と。

霊なる神はごう慢が最も嫌いである。「人は神、人間は神」などと言ったり、神のように振る舞う者、神になりたがる者、人間の頂点に君臨したがる者、支配したがる者、それらを最も嫌われる。イエス・キリストは、偽善者を最も嫌った。今この日本にも、世界中にも偽善者がもう数え切れないぐらいいる。偽善者であふれかえっている。皆裁きの前の動物である。

今までに何度も書いたが、私は「嘘」が一番嫌いである。人を尊重する気持ちがあるならば、「嘘」など決してつけないからである。人を尊重しない者、嘘つきなど、もはや滅びの前の動物である。

ビートたけし氏も「皇后さまのためなら死んでもいい」などと言ってもいいが、一瞬の気の迷いであってほしい、と私は願っている。その他は、パーフェクトな人だと私は思っている。何よりも、純粋・純朴な人だと思う。

あの大震災からひと月が経った。

今また、東日本ほぼ全土にわたってマグニチュード7・1、震度6弱、震度5強の地震が広範囲にわたって起きているまっ最中である。停電、土砂崩れ、人の乗った車が土砂崩れに巻き込まれ、救助に向かっている。

ガス漏れ発生。原子炉電源ストップ。地震、津波のため、作業員、一時避難。これより少し前のニュース。福島原子炉近くの人に、今までより広い地域の人たちに対して避難勧告。「今はまだ大丈夫、今はまだ危険ではない」と東京電力も政府も、テレビニュースの専門家たちも言っているが、皆嘘である。パニックにならないようにこう言ってくれるのはありがたいことであるが、考えようによっては目に見えないから、こういう嘘を平気でつける、というものである。

私の意見では、気象庁は空気中の放射能測定の結果を国民に公表できない状態であり、原子炉は、あの巨大地震と巨大津波が起きたあの時点から、海には高濃度の放射能汚染水が流れ出し、大量の汚染水を海に放出する、と国民に宣言する以前から、高濃度の汚染水は海に流れっ放しなのである。原子炉爆発のあの時点から、もう空には韓国にまで届くほどの放射能が降り注ぎ、今も海と空には高濃度の放射能が噴出し続けている。

清流に住むアユが大量に死に、ぷかぷか浮いている映像がテレビで流れた。おびただしい数のアユの死骸である。どのアユも口を開けていないから、酸素不足ではない。原因はわからない、と専門家は言っていた。澄み切った美しい水、手ですくって飲んでもよいように澄み切った水の中で、口をしっかり閉じ、あの美しい魚、アユが、美しい姿のままで、大量に死んで浮かんでいるさまは、不気味である。私は今もあの光景が脳裏から離れない。除染《じょせん》、除染といって、目に見えるところだけをジャージャー洗っているが、洗い流した水は川や大きな河に流れていっているのではないか。

このようなことは子供でもわかることで、その水は我々の命の飲み水となる。そうして川や大きな河の水は海へと流れる。誰でも知っていることである。それにしても清流のアユが大量に死ぬとは……。

目に見えないことをいいことに、政府も東電も、嘘をつき国民をあざむいている。何よりの証拠が、今の地震の少し前、原子炉から30キロ以内国内退避と言い続けていたものが、それよりもっと広範囲の人々に避難勧告を出したその直後に、この地震である。余震、余震というが、これは前古未曽有の、マグニチュード9・0よりさらに巨大な地震が起こる前ぶれである。

巨大噴火も巨大地震も、海底奥深く、地球を一つにして海の底深くでつながっている。日本だけの問題ではない。かつて水晶で創られた太陽も月も地球も、あの美しい水晶色に輝いていたこの三つの星も、今ではこの有り様となってしまった。もはや嘆いても悲しんでもどうにもなりはしない。

外国人記者が「日本人は座して死ぬつもりか？」と言ったが、もはや座して死ぬほかないのである。その代わり、「愛」なる霊なる神は、我々人間のために、水晶で創られた三つの惑星、兄弟星である美しく輝く、すばらしい新しい天と地とを、我々人間のために、愛してやまない人間のために、愛してやまない動物たちのために、与えられた。最高の芸術家であられる、「愛」と「美」のお方であられる霊なる神は、そこを愛する人間と動植物のために、そこに愛する者を住まわせ、永遠の命を与え、喜び、歓喜、至福を与えるために創造された。そこに汚れた物は一切ない。地球のように、汚物や汚れたものはかけらもない。

もはや古い天と地は霊なる神によって壊される。もはや古い銀河は、太陽系銀河は、悪い人間の住むおびただしい惑星と共に消滅する。これが霊なる神の計画、シナリオである。神の計画に寸分の狂いもない。人間のように、予定変更など決してない。神は嘘つきや気まぐれなどないのである。人間のように。ずっと前から警告は発せられ続けてきた。人間が聞く耳を持たなかっただけのことである。

「海の魚は死に絶え、あなたたちは穴ぐらに、洞窟に住むようになる。生き残った者は食べる物さえなくなり、互いに殺し合い、人肉をむさぼる者となる。これらの人間の魂は獣である。生き残ることにこだわるな。ただの肉体に過ぎないものに囚われるな！」「私の伝達者であるあなたは、よくよくそのことを人々に教え、伝えなさい」

もはや、わたくしはもうすっかり疲れ果てました、と言いたいが、そうもいえない。

私の役目を果たさねばならない。「座して死を迎える」その時まで。

地球上の皆さんよ、少しは私に協力してほしい。もはや疲れ果てた肉体にむち打って、私は霊なる神の言葉を伝え続けているのだから。乳飲み児を抱えた人や、幼い子供を抱え奮闘中の人に協力しろなどとは決して言わない。その人たちの大変さはよくわかるから、そのような無理は決して言わない。神も望んではおられない。できる範囲でよいのである。

しかし、それら以外の人々は、「我よし」で自分だけにとどまらず、多くの人々に知らせ、人々に教え、これらをより多くの人々に知らせる協力をしてほしい。それは霊なる神が最も喜ばれ、神への奉仕であり、それを見られている神が、あなたを愛される唯一の行いである。

どうかヘトヘトに疲れ切った私に、霊なる神への奉仕に、協力してほしい。一人でも多くの人々を新しい天と地へと連れ行くための、この神への奉仕に協力してほしい。そうすればあなたも、十四万四千人の中に入ることができる。ことと人間次第によっては、これよりもっと多くの人々がそこへ行けるかもしれない。ことと次第によっては、これより少なくなるかもしれない。あなた方に奉仕の精神があるかないか、それ次第である。霊なる神に愛されるか始末されてしまうか次第である。

霊なる神が容赦なく、人間に対しても、銀河惑星に対しても、もはや今、この日本にイエス・キリストを再臨させる、ということをされた霊なる神も、そしてイエス・キリストも、もはや愛の人ではなく、人間に対して容赦なく、滅ぼす神となられ、イエスも人間を滅ぼし、抹殺するために今現れた。であるから、私の言うことも一切の容赦はない。神の伝達者であり、かつても、そして今世も、イエス・キリストの弟子であった私に、一切の人間に対する容赦はない。ポッポッと、どこかにかすかに「愛」らしきものが見える程度だろう。

この私も、人間に対して一切の容赦など持ってはいない。警告を三十二年間も続けてきた者を笑っていた人間などに、私は霊なる神同様、再臨のイエス・キリスト同様、人間に対してもはや一切の容赦もしない。反撃・反発するような者は、最初から読まないことである。文句を言う者は、最後までをきちんと見届けてから言うべきであるが、もはやその前に火の釜に投げ入れられ焼き払われる。

今、霊界に、霊なる神は、あまりにも焼き払う人間の霊魂の多さに、火の釜では間に合わぬため、海のように広い火の池を創られた。霊界が先。現界が後。霊界で起きたことが必ずこの現界へと移写されてくる。霊界で起きるのが先。現界が後で、霊界で起きたことが少しのタイムラグを経て、必ずこの現界へと移写される。霊主、体従の法則である。

空気中の放射能が高レベルとなったため、危険を示す値をレベル7に引き上げた、とNHKのニュースで報じている最中に、昨夕と同じ、震度6弱、5強の地震が連日、東日本の広範囲を襲った。昨夕からの停電、山崩れで数軒の家が山の土砂にのみ込まれ、車も土砂にのみ込まれ、この車に乗っていた人が助かったのかどうかさえ報道でもわかっていない。

連日の巨大地震報道とレベル7に引き上げられたことの報道で、伝える側も手いっぱいで、土砂に埋まった車の中の人が助かったのかさえ知ることができない。めちゃくちゃになり土砂から放り出された車を見ながら「この中の人は助かったのでしょうか」と二人のニュースキャスターが言うほどで、報道も、日本国だけのみならず、世界中に影響を及ぼしている。

東京電力はきのうの地震に引き続き、「異常なし、異常なし」と繰り返しているが、「異常あり」である。もはやレベル7がチェルノブイリ原発事故と同じ、というが、本当はもうそれ以上の危険域に達している。気象庁が空気中放射能レベルの結果を発表しなかったのは、恐るべき放射能値であったため、発表できなかったのである。30キロ圏内以外の人たちに避難勧告を国が出し始めたのも、それを知っていたためであろう。

ひと月入院していた東電社長が、避難場所には行かず、謝罪の一語も言わないので記者たちから詰め寄られ、怒声を浴びせられていた。66歳の若い男ではないか、この社長。爆発、炎上したとたんすぐに病院に逃げ込み、このひと月、70歳過ぎの副社長にすべてを押しつけ、病気のふりして（と私は思う）入院とは呆れる。「病気のふりをしていた」証拠にとても病人とは思えぬほどピンピンしてテレビの前に現れたではないか。

被災地へも行かず、謝罪の言葉の一言も発せずとは、国の政府の議員たちの馬鹿馬鹿しいほどの愚かさと東電も一緒である。そうであるなら、国のトップの愚かさは、国民の愚かさでもあり「日本国、愚民国なり」と言わねばならない。

四期当選を果たした石原都知事の「天罰だ！」に日本国民は謝罪をさせたそうである。正しいことを言う者を、寄ってたかって拷問にかけるのが、この愚民と化した日本国民である。石原都知事の「自動販売機とパチンコ店をなくせ！　電力を食うこの二つをなくせ」に、「その通りだ。まったくその通りだ。気づかなかった。ほんとに石原都知事はよいことに気づき、よいことを言ってくれた」と一人一人すぐに実行すべきだ、と思っていたら、なんとこれに異を唱え出す者が出てきた。

それでは経済が、とか自販機を一日三時間程度止めるようにする、とか言い訳して、完全撤廃しない限り、決して止めたりはしない。ずる賢い日本人は何でそんなことをするのか。パチンコ店は必要か？　恐ろしいほどの電力を食っているパチンコ店が日本国民に必要か？

石原都知事の発言に異を唱え、謝罪までさせるような連中は、夏の暑さの太陽に焼かれて死んじまえ!!　霊なる神に焼かれる前に、あの昨年からの急に始まった、あの恐ろしい暑さの太陽の怒りの火に焼かれて死ぬがいい。愚かな日本人め。奴隷の魂しかないくせに、正しいことは何一つ言わず、正義に対して怒る勇気もないくせに、人の足を引っ張ることしかせず、へ理屈をこねることしかしないような愚民、奴隷、そんな日本人は太陽の熱で焼かれて死んじまえ!!

昨夜のTVタックルでビートたけし氏が最後に（他の者がずらりと並んでしゃべる場がまったくないのでただ黙って皆の話を聞くだけであるが）終わりの最後に、「さっさと義援金を被災地に渡せ!!」と叫んだ。ちょうどひと月が経ったのに、まだ世界中、日本中から集まった義援金を、政府は一銭も被災地に渡していないという。

エンディングが始まった時、「おいら、五百万寄付したのに、まだ義援金を渡さない」と独り言のようにつぶやいていた。蓮舫《れんほう》大臣が防災服のエリを立て（おしゃれのつもり?:）、これにたけし氏が、「エリを立てている場合か!!　コンビニなどを見て回って何になる!!　被災地へ行け!!　被災地へ!!」とどなったそうであるが、一体有象無象の議員たちは何をしているのか。日本国がどうなるか、ゆっくり話して聞かせよう。大事な話だから耳の穴をほじくってしっかり聞くように。

ここまでをバカバカしい、頭の変なやつが何かわけのわからんことをほざいて書いている、と思って読んだ者は、ここから先は一切読むべきではない。愚民と奴隷に何を言っても通じはしないし、聞かせる方も読む方も無駄骨に終わるから。愚民、奴隷、ここから先は読むべからず。これでまた人間の立てわけが決まるというものである。

霊なる神と、イエス・キリストの人類絶滅に至る第一の段階とは

復活をした大国の軍隊が、ある日突然この日本に攻め込んでくる。

この日本の前古未曽有の大災害の、午後2時46分前まで、人々はいつもと変わらぬ、何一つ今までの日常と変わらぬ生活を送っていた。美しい景色に囲まれ、穏やかな、素朴な、家族に囲まれ、ある人々はいつもと変わらぬ美しい海へ漁へと出かけ、何一

ついつもの日常と変わることはなかった。

何の前ぶれもなく、突然それは起きた。日本を揺るがし、世界中を揺るがすこの大災害は、何一つの前ぶれもなく突如起きた。

これと同じように、日本人がノー天気に東日本が復興さえすれば、もはや何も心配することはない。「立ち上がれ日本!」「あの廃墟から日本は立ち上がったのだ。また必ず日本は立ち上がる! 頑張れ日本! 立ち上がれ日本!」と今や日本国中で大合唱をしているが、霊なる神の計画を知らないこの日本人の姿に、ノー天気、愚民(頂点に君臨する者から国民まで)、危機感のなさ、恐れを知らない日本国民(本当はイスラエル国民であるが、わかる人だけわかればいい。『預言の書』を読めば理解する人は理解するだろう)。

何の前ぶれもなく、ある日突然復活した大国が、大軍と共に北からやって来る。

あっという間に、日本国民が「一体何が起こっているんだ? 何があったんだ? どうしたんだ? どうなっているって?」とポカンとしている間に、皇居神殿は巨大な大軍に占拠され、金銀財宝、あらゆる皇居神殿、皇室内にあるあらゆるすべてのものが北から来る恐るべきこの大軍によって持ち去られ、彼らによって略奪され尽くす。これを止めようとする者はすべて打ち殺される。

彼らは慈悲も愛のかけらもなく、この略奪を止めようとする者皆を打ち殺す。容赦なく彼らは側近を打ち殺し、皇室を丸裸にする。側近は恐れおののき逃げまどい、これを制止しようと立ちはだかる者は一人残らず殺される。彼らはここの多くの人間を殺す。目的は皇室にある財宝を奪うためであり、すべての物は持ち去られ、強奪され、皇室は丸裸となるだろう。

この中の何人かは捕囚、捕虜となり、懲らしめ、牢に入れるため連れ去られる。連れ去られた者が再び日本の土を踏むことはなく、彼らは海外の地で死ぬ。

もはや日本国政府は何一つなすすべはなく、ただ呆然となされるがまま見ている。ましてや国民になど何一つできることはない。

大軍である。容赦なき軍団、軍隊である。

自衛隊も、恐るべき大国の国であることを知った時、戦争になることを恐れ、日本国土が戦場となることを恐れ、一切の手出しをしない。皇室を守ることよりも、日本国民を守ることの方が大切であることを彼らは悟る。私の読みでは、だから自衛隊が皇室を守り、彼らと戦うなどということは一切ないだろう。

これも私の読みだが、丸裸になるまで皇室はズタズタに汚され、引きずり降ろされる。もはや助ける者など一人としていないだろう。助けようとする側近の多くが殺され皇居は死体で重なるだろう。逃げ出す者の方が大多数であるが、逃げる者を彼らは殺さない。刃向かう者を容赦なく殺す。

このことが諸外国へと知れ渡ってしまう。

これを許してなるものか、と。今の同盟国、かつて太平洋戦争の時の同盟国、それらに一切のかかわりなく、世界中が一丸となってこの日本国へとなだれ込んでくる。北の大軍がもうすでに荒らしに荒らし、すべての金銀財宝も人も持ち去られた後であるため、時すでに遅しであるが、世界中が「まさか」の「まさか」が起きたのであるが、世界がこれに気づくのが遅く、もはやすべてが持ち去られ、踏みにじられた後で世界は気づくだろう。同盟国などかなぐり捨てて、世界の軍隊が一丸となって日本に押し寄せ、日本は戦場と化すだろう。

日本は火の海と化し、すべてが焼け落ち、日本国土は灰と化すだろう。

「あそこに一人いた。あそこにも一人いるぞ、もう他に生き残った者はいないのか。我々だけか生き残りは。いや、あそこにも一人いるぞ」。今度こそすべてが焼け落ち、灰じんと化した日本国で、生き残った者の中には穴ぐらや洞窟、岩をくり抜いて住まいを作ろうと頑張る者もいる。皇居神殿は、柱一本残さず崩れ去る。

食料もなく、仮設住宅を建ててくれる者など一人もない。物資を運んでくれる者などすべて死に絶えた日本国にそんなものは何一つなく、着るものも家も食料もなく、生き残った彼らは飢えを満たすために互いに殺し合い、人肉を食べる。だが、まだこれで終わりではない。

これが霊なる神と、今再臨したイエス・キリストによる人類絶滅の第一のシナリオである。

私は三十二年間もイエス・キリストの再臨と霊なる神の警告をわき目もふらず、本来のピアノ教師の職を投げ打って、警告し、訴え続けてきた。今この時点で三十三年目に突入している。この三十三年間、誰一人として耳を傾けず、誰一人も信じず、イエス・キリストの再臨を書いたがために、ニューヨークの某大手書店、世界中にある某大手書店、東京の某大手書店、福岡の某大手書店、伝統的キリスト教会からの激しい弾圧を受けた。その時の編集長はK神父の名を記した社名を取り上げられ、私の本は、一冊残らずすべての書店から一斉に撤去される、という信じられない、恐るべき弾圧を受けた。キリスト教会から受けた。「イエス・キリストの日本再臨」を書いたからであろう。

もう少し待っているがいい。今しばらく待っていなさい。霊なる神とイエス・キリストが、この行為を決して許しはしないから、今しばらく待っておりなさい。どんな目に遭わされるか、脅えながら待っているがいい。

とにかくこれが霊なる神と、イエス・キリストの人類絶滅に至る第一の段階である。

なぜこの日本が一番最初につぶれるのか。私の霊視では、霊なる神は日本の皇居神殿を、皇室にいる者たちを破壊し、ズタズタに引き裂き、丸裸にし、捕囚、捕虜とし、これ以上のない恥ずかしめを与え、この皇居神殿を焼き払われるが、それはなぜか。

日本国もろとも皇居神殿は焼き払われ燃え崩れる。日本国同様、あとかたもなく消え去る。

そこに残り、そこに住む者と共に。なぜ霊なる神はこれほどの容赦のないむごいことをこの日本国に一番最初になされるのか。神の計画には1％の狂いもない。何しろ人間はこの霊なる神の霊と光とによって創られている者であり、天と地の創造主であり、夜空に輝くあの銀河すべての創造主であり、惑星の創造の主であり、この太陽と月と地球の創り主であり、かつて創造の初めにはなかった海を「海よ、出来よ！　魚よ泳げ！」だけでこの地球に海を創られるお方であり、人間など無力そのものの存在である。

万物が、宇宙が、この霊なる神の創造物なのである。もはやこの霊なる神の計画に逆らえる人間などただの一人もなく、どれほどの科学者が集まろうとも、今、愛の神から怒りの神、人間を滅ぼし、絶滅させる、というこの霊なる神に対抗できる人間などこの地球上にただの一人もいはしない。

この世界中が驚いた、まだひと月しか経たないが、あのような巨大な地震と巨大な津波が、まさかこの日本を襲うとは。地震計など振り切れて、専門家さえあわてふためくこの恐怖を見れば、何一つの人間に対する容赦のかけらももはや持たれてはいないことぐらい、誰でもわかるだろう。一瞬のうちに情けも容赦もなく波にのまれていった数万の人間のことを思えば、霊なる神と、イエス・キリストの怒りがどれほど激しいものか、誰でもわかるだろう。石原都知事がとっさに言った「これは天罰だ!!」が正しいのに謝罪させるとは。

霊なる神は必ず人を使われる、と私は言った。どこにもそんなことは書いていないぞ、とまたへ理屈を言う者がいそうな気がする。前著『預言の書』『神への便り』に、特に『預言の書』に詳しく書いた。本書は、最初からずっと続く「続き」である。続、であり、続々編であり、三部作である(自分ではまったく意識しておらず、そのつど「これで終わり」と思って書いたが、結果的にこうなった)。そういうわけだから、へ理屈を言うんでない。前のを読めばわかるようになっている。

このような目に遭ってもまだ偽善の祈りを続ける者、政府の醜い足の引っぱり合い、この災害の最中に、自民党は菅首相(当時)を引きずり降ろそうとしている。この大災害をしり目に、菅総理を引きずり降ろすことに自民党議員総出で息巻いている。皆火の海に投げ込まれることも知らずに。

この日本がいの一番に焼き払われて、焼け野原に生き残った者が人肉を食らう生活が訪れようなどとは日本国民の誰一人も、世界中の誰一人も知るよしはない。なぜこの日本が絶滅するのか。生き残ったわずかな者は死んだ者をうらやむ生活が待っている。最後には、人肉を食らうような獣と化した人間は、最後には死んだ後、火の釜に入れられる。あるいは、あまりに投げ込む人間の数が多過ぎるため、最近つくられた、霊界に海のように広い、人間を投げ入れるための火の池を創られた、といったように、獣人間と化した人間は、死んだ者順にこの火の池に投げ込まれる。

よって、こうして日本国は消滅し、壊滅する。

考えてもみるがいい。太平洋戦争が起き、日本国がズタズタの焼け野原と化し、死者数え切れず、原爆まで落とされたあの悲惨な太平洋戦争の原因は「無責任」であり、ただこの一点で太平洋戦争は起きたのである。

天皇の「無責任」、軍の「無責任」、勝てもしないアメリカとの戦争を軍に求めた国民の「無責任」。つまり、国民が軍にアメリカとの戦争を望んだのである。これがあの太平洋戦争の「正体」である。ならば、今またさらに太平洋戦争を上回る焦土と化しても、何ら不思議はない。何しろあの戦争の原因は上から下まで「無責任」であったという他愛もないことが原因なのだから。

私の霊視では、北から何の前ぶれもなくやって来て、ノー天気の日本国の皇居神殿の宝物のすべてを持ち去り、ついでに皇室の中の何名かを捕囚として捕らえ海外へ連れ去り、何が何だかわからないでいる日本国民と世界中が、そのすべてが終わったのちにやっと気づき、時すでに遅く何もかも持ち去られた後に「許してなるものか」と世界中が一丸となって軍を送る。この日本は戦場となり、私の霊視では、皇室のものは皇居神殿と共に焼け落ち、日本国土は火の海となり、すべてが焼け落ち、ナッシングとなる。

霊なる神が、「私の愛する子らに、死を恐れなくてもよいことを早く伝えてやりなさい」と急かされているが、偽善者ではない者、嫉妬や妬みや羨望を持たない者、嘘つきでない者、欺瞞、ごう慢、いじめ、殺人者ではない者、霊なる神に愛される者、霊なる神やイエス・キリストに愛される者とは、「たとえ今私の語ることが理解できなかったとしても、黙って静かに耳を傾け、たとえ今理解できなくても、素直に私の言うことに耳を傾け、それを深く心にとどめておく」とイエスが言う者のことである。

へ理屈、理屈をこね回す者などに、霊なる神の言葉である「死を恐れなくてもよいことを伝えてやりなさい」と言われても、へ理屈者どもにそんなことを教えてやるつもりなど私にはさらさらない。霊なる神に愛される人々、新しい天と地へと行く人々、それらの人々のために私は何度でも繰り返し、繰り返し、死を恐れる必要のないことを、なぜ、恐れる必要がないのかを、何度でも語るつもりである。

お釈迦様は「生・老・病・死は度《ど》しがたし」と言われたが、特に死については誰もが経験したことのないものであるから、人間にとって一番恐ろしい。だから、これを恐れる必要はまったくないことを、死も霊なる神によって、愛によって、何一つ恐れる必要のないことを、しっかりみんながわかるまで語りたいと思う。何度でも、繰り返し。人間の死はもう決められてしまっているから、最も大切なことはこの死を恐れなくてもよいという根拠を私は書く。

その前に書かねばならぬことがたくさんあるので、忘れてしまうかもしれないが、思い出した時、どこかで必ず書く。話がすぐに脱線してしまうくせがあるので、忘れる可能性大であるが、どこかで思い出した時、霊なる神の愛する人々のために、イエス・キリストの愛する人々のために、「死を恐れるな！」を必ずどこかでしっかりと書く。何度でも。

霊なる神の愛する人は、イエス・キリストの愛する人は、私にとっても愛する人である。霊なる神に愛された人々に向けて、イエス・キリストの愛する人々に向けて、「死を恐れるな！」について、私は詳しく書く。何回でも。その前に言わねばならないことがある。

全日本国民に聞いてもらいたい。最も大切なことと思われる。

なぜここまで日本と日本国民に対し、「私はつぶす。私は壊す。もはや日本が二度と立ち上がれないところまで打ちのめす。終わりの始まりはこの日本からだ」と言われるのか。

全日本国民は、よくよく霊なる神の言われることを聞いてほしい。それは私たち日本人が、この日本国が、拉致被害者を救わなかったからである。

今日本中はあの巨大大災害でわいわい大騒ぎしている。「救う、救う、救う、助ける、支援する、頑張れ日本！　立ち上がれ日本！」の大合唱である。言っておくが、私の意見では、残酷かもしれないが、霊なる神も、再臨したイエス・キリストも、この巨大な災害の被災者に、かけらの同情も、かけらのあわれみも持ってはおられない。この天罰を下した張本人なのだから、あわれみのかけらも、情けのかけらも持ってはおられない。

日本国民への怒りはこれではおさまらない。次がまた必ず来る。なぜなのか。同胞である日本国民である拉致被害者を日本政府も、皇室も、「国民と共にあり、国民の祈りの場」と言いながら皇室さえこのかわいそうな拉致被害者たちを救わなかった。三十三年の間、じっと日本国政府はどうするか、皇居神殿に住む者がこれをどうするか、じっと見つめてこられた。二〇一二年で、もう三十五年が経つ。

アフガン復興に五千億もの支援はしても、自国の国民のこの身をよじるほどの長い苦しみに何の愛もかけなかった。自民党も民主党も、他に金をばら撒き、国民の税をむしり取り、あげく我がもの顔にそれを好き放題に使い、互いに互いを引きずり降ろすさまは、この国家の危機においてさえ引きずり降ろすことしか考えず、国民からさらなる復興税をむしり取るさまはまさに獣そのものであり、人間の姿をした獣である。自国民の苦しみを苦しまず、自国民の悲しみをそのあまりにも長い苦しみに、見てみぬふりをして心痛まない政治家などもはや獣である。

最近私は怒りに震えている。この怒りがまだおさまらない。

野田首相は拉致被害者家族と二回面談したそうである。この二回目の面談後の記者会見で彼はこう言った。「アメリカをはじめ、各国に協力を要請したところでありま す」と。

この首相、増税のことしか頭になく、本物の馬鹿首相であると言わざるをえない。私のこの意見に日本国民の誰一人として反論できないはずである。

アメリカは今、ニューヨークのウォール街から始まったデモが数千人規模となり、もうこれがひと月も続いている。ニューヨークのウォール街から飛び火して全米146ヶ所にまで拡大。昨夜はおびただしい数のデモ隊と警察が衝突し、若者が警官隊に引きずられていっていた。

連日連夜、テントまで張り、ニューヨークの町はデモ隊で埋め尽くされているというのに、拉致問題について、「アメリカをはじめ、各国に協力を要請したところであります」だと？　本物の馬鹿か？　被害者家族をなめているのか。国民をなめているのか。

よくよく考えてほしい。これこそ「無責任」というものである。日本国土が焼土と化した、二つの町に原爆まで落とされた、その原因となった正体「無責任」である。六十六年前と何ら変わってはいない。日本人の「無責任」精神は何一つ変わってはいない。むしろ、六十六年前よりさらに悪化している。よって焼土以上の皇居陥落にまで至るだろう。野獣人間の生き残りがわずか、という有り様となるだろう。

動物でさえ愛を持っているのに、そのかけらもない者など、もはや神から見放された獣である。もしかしたら今回の震災の被害者よりも何十倍、何千倍もの苦しみではないか、と個人的には思う。

この子供を、息子、娘、妹を北朝鮮へと連れ去られ、ある日突然姿を消した行方《ゆくえ》のわからなくなった子供を、妹を、息子を必死で捜し続けるこの人たちの苦しみがわからないのか。北朝鮮へと連れ去られた、そして三十三年も（二〇一二年で三十五年が経つ）放置され、誰も顧みず、いまだ何の解決も見出せない、もはや絶望のふちにいるこの人たちの苦しみがわからないのか。

政府は実質的に何もしなかった。自国民にこの苦しみを、三十四年間も与えっぱなしにした。もはや同情は、今の被災者にのみ向けられ、日本国民は皆、この拉致被害者のことを忘れ去ったように見える。

天皇・皇后はこの人たちに何をしたか。もはや助ける術をなくした彼らは、アメリカのブッシュ大統領のもとへ、死ぬような思いで、わらをもつかむ思いをもって救ってほしいと頼みに行った。

一方、皇后は露骨なアメリカ映画、「マンマ・ミーア」を主演のメリル・ストリープと一緒に歓談しながら劇場で観た。皇后が劇場まで見に行くほどの映画なのか、と思い、私もテレビでこれを見たが、実に恥ずかしい露骨な映画というのが私の感想であった。テレビでしつこく3度も4度も放映するので、あんなもの一度見りゃもうけっこう、といや気がさすほどテレビで放映していた。

皇后がこんな映画を劇場まで出かけて見に行く。音楽鑑賞に出かけ、終わって楽屋の楽団と話し込んだため、帰ろうとする人たちの車が警備の者たちにすべてストップさせられたという。まったく動くことができず30分もそのまま待たされたため彼らの顔は怒りで引きつっているのに、皆が自分を敬って待っている、と勘違いしたのだろうか。皇后は、ニコニコと笑顔をつくってここにとどめられ30分も待って怒っている人々にお手ふりをして去っていったという。護衛と警備の者に守られながら。

SMAPの草彅《くさなぎ》剛君と歓談しながら、彼の主演の映画を劇場へ見に行っていたが、この映画の本が出ているのだから、本でも読んだらどうかと思った。

有象無象の芸能人やら若い歌手たちやら野球人やらスポーツ選手やらが招待を受け

て、皇居神殿のお茶会に招かれたりしている。
「海外の要人とのご接見など、公的な面会だけではありません。ご公務の間のわずかな時間にも、文化人やご友人などを、御所にお招きになり、御所の廊下を部屋から部屋へ、駆け回るようにされていたのです」（『女性自身』２０１１年10月23日号に掲載された皇后の数十年来の友人Aさんの話）
「文化人も、音楽家から文学者、大学教授など多士済々で、まさに御所はサロンのような雰囲気だったという」（『女性自身』同号より）
電車のホームに落ちた人を助けようとして、韓国人の若い男性と一人の日本人が亡くなった。この亡くなった韓国人青年の両親を皇居神殿に招き、感謝となぐさめの言葉を送ったが、拉致被害者の家族たちは、皇居神殿に招かれて、天皇、皇后からなぐさめと励ましの言葉をかけられたのだろうか。韓国人の青年と共に、日本人の男性が亡くなったと聞いたが、その両親は招かれたのか？
今お二人は被災地巡りを始め、「大丈夫、大丈夫」と言っている皇后の声が聞こえたが、一体何がどう大丈夫なのかと思った。被災者自身が大丈夫ではないことを一番よく知っている。天皇・皇后が「大丈夫」と言ってくれたから、本当に今のこの惨状の被災地と被災者たちは大丈夫なのか。先にも書いたが、六月から九月の間に、仮設住宅での自殺者三十八名。

海にも空気中にも高濃度の放射能は今ももはや手が付けられぬ状態で流れっ放しになっている。レベル7、チェルノブイリと同じである。

拉致被害者家族たちは、天皇・皇后に救いを求めに行ったか。わらにもすがる思いのこの三十四年間（もうすぐ三十五年になる）、そしてこの前古未曽有の大災害で、被災者を救え！　の大合唱に、この苦しみと悲しみはかき消され、もはや誰一人拉致被害者のことなど思ってはいないのではないか。

天皇・皇后はこれらの拉致被害者の手を取り、なぐさめ、「私たちが、この日本国の天皇であり、皇后であるこの私たちが、必ずや北朝鮮へ行ってあなた方の息子、娘、妹たちを連れ戻す」と約束してはどうかと思う。アメリカのブッシュ元大統領にすがらねばならぬほど、政府も皇室も何もしてくれなかった。それでは冷たいと思う。それどころか、善人であるかのごとく表面ではつくろう偽善者がいる。偽善者は偽善者と共に、教祖はその信者と共に、地獄へと落ち、火の池で焼かれる。三種の神器《じんぎ》の持ち主であるスサノオを祖とすべきところをアマテラスにした皇室始祖からの罪については『神への便り』に詳しく書いた。

天皇・皇后を今なお「敬え」などと言っている者は心の盲人であると私は思う。そういう人はもはや霊なる神とイエス・キリストによって裁きの日までとっておかれる。

三十数年間も私はイエス・キリストの日本再臨と、「一人一人に立ち返れ！　個人個人に立ち返り、何一つ握りしめてはならない」「霊なる神以外、もはや誰も救ってくれる人はいない。泣き叫ぼうが、助けてくれ！　と叫ぼうが、もはや霊なる神が人間を助けられることはない」と私は訴え続けてきた。自分を救うのは自分自身である。自分を救うのはただ「愛」だけである。個人個人に、一人一人に立ち返れ！　と私は叫び続けてきた。

イエス・キリストは「偽善者」を最も嫌った。そしてこう言った。

「百匹の羊がいたとして、その中の一匹がいなくなったら、あなたたちはその一匹の羊を捜しに行かないだろうか？」行く、行く。誰だって迷子になったその一匹の羊を必死になって捜しに行く。一匹ぐらいいいやなどと言って捜しにも行かない者など一人もいないだろう。その迷子の一匹の羊を人は必死で捜す。霊なる神とイエス・キリストの日本人に対する怒りはそのことである。

この日本にイエス・キリストが再臨したことは、もう三十年以上前から私は知らせ続けてきた。日本国が一番最初につぶされるのは、自国民である拉致被害者を救わなかったからである。容赦のない霊なる神とイエス・キリストの怒りは、この日本国と日本国民とを叩きつぶす。

どれほどの言い訳をしようが、どれほど理屈をこねようが、子供の責任はその親にある。

親の姿は子の姿であり、子を見れば親がわかる。この日本の大災害の、子供や大人の別なく、建てたばかりの新築の家さえ巨大な波にのまれる、というこの日本国民のあわれな今の姿は、親である政府の責任であり、そのまた上に鎮座する、始祖の時代から、平安時代の貴族たちのトップとして君臨し続け、皇室始まって以来国民のトップにあり続けた皇室にも責任があると私は思う。

太平洋戦争を止められなかった昭和天皇は、現人神《あらひとがみ》と呼ばれ、我こそは神であると国民に宣言し、「天皇陛下ばんざい！」と言って若者たちは戦場で死んでいった。日本国は焼土と化し、沖縄のあの地上戦のすさまじさ、広島、長崎の原爆。本来は戦争責任は昭和天皇自身にあり、A級戦犯第一級の者として刑に服するべきだったと私は思う。しかし、日本国民はこんなひどい目に遭いながら、愚痴の一つも悪口の一語も言わず、なお天皇陛下ばんざいと生き残った者まで言う有り様を見て恐れをなしたアメリカのマッカーサーは、愛する息子や夫や家族を戦争で殺され、国土を焼土にされ、黒こげの死体が山と積まれていようとも、不平も不満も言わぬ奴隷とされてきた国民であることに気づかず、当時は国民が天皇の悪口でも言おうものなら不敬罪として捕えられ牢にぶち込まれることなど知らぬアメリカ人は、国民が天皇を敬っていると勘違いして、そんな天皇を裁いたりしたらえらいことになる、と思い、処刑することを止めたのだろう。

本来、戦争の責任をとって刑を受けるべきは天皇自身であったと思う。戦争に負け、日本がボロボロになったとたん、その天皇は人間宣言をし、後年、「A級戦犯がまつられているから私は靖国神社には参拝しない」という内容のことを言ったという。それが本当なら「私はあの戦争には加たんしなかった。あの戦争は軍が勝手にやったものであり、私には何の責任もない」と言っているのと同じではないか。A級戦犯合祀以来、昭和天皇も、そのまたその子孫も、靖国神社には一度も参拝をしていない。

あの戦争で死んだおびただしい人間たちが、あの戦争にいやがおうにも駆り出され、知らない異国の地でむくろとなり、埋めても焼いてももらえず放置され、「靖国で会おう」をただ一つの支えとして「天皇陛下ばんざい！」と叫んで死んでいった無数の若者たちの霊は、今なお浮かばれず、皇室の周りを取り囲んでいると思う。その中には、自分たちと同じ目、自分たちと同じ苦しみを味わうがよい、という怨念もあるかもしれない。

昭和天皇はどうなったか？

イスカリオテのユダ、つまりイエスを裏切ったユダがどうなったかなど人間である私にわかろうはずもない。

二千年間、裏切り者のユダ、イエスを売り渡し、イエスを裏切ったユダ、と悪魔のように言われ続けているのは知っていたが、キリスト教でもない私に、それらは何の興味もないことで、キリスト教会がそう思っているのなら、地獄へ行ったのだろう、ぐらいに思っていた。何の興味もなかった、というのが正直な気持ちである。何しろ私はキリスト教徒ではないのだから。

洗礼など受けたこともないし、受けなさいと言われたところで、断固そんなことはしない。私は何者にも一切束縛などされない自由人でありたいから。ただ、五歳の時に認識した天と地との創造主、そのお方だけを信じて今まで生きてきたのだから。その霊なる神の「霊」と「光」とによって自分自身が創られていることを知り、自分の本当の親は「霊なる神」である、と知っているから、裏切り者のユダがどうなったかなど私の興味の対象外であった。

しかしここへ来て、「イエス・キリストの日本再臨」を世に知らさねばならぬと共に、悪魔のように言われ続けていたあのユダが、地獄へなどは行ってはおらず、「ユダは天国へ行った。彼は地獄へなどは行ってはおらぬぞ、ユダはイエスと同じ天国へ行った。そのことも人々に知らせなさい」という霊なる神の教えによって初めてそうと知った。

霊なる神に教えられなければ、何一つ私にはわからない。ましてや「ユダが天国へ行ったことを皆に知らせなさい」と言われなければ、そのようなことを書いたり言ったりできないのである。人間である私に、そんなことがわかるはずがないではないか。

当たり前のことであるが。私は霊なる神の言葉の伝達者である。ただの人間である私に、霊なる神が教えられることをただ書く、ただそれだけの、神からの伝言を伝える伝達者である。

それで昭和天皇はどうなったのか。ユダの時と同じように、これは霊なる神からの教えである。それによると、「あなたたちの王、昭和天皇は死ぬと自らが犯した罪によって地獄へと行った」という。「あな、恐ろしや」

始祖の時代からの皇室というものは「神になりたがった者」「権力の長となりたがった者」「国民の絶対権力者として君臨したがった者」、そこから始まったものであるから、すっかり奴隷となってしまった国民は、天皇が何をしようが一切刃向わない。どれほど搾取され、米の代わりに〝あわ〟や〝ひえ〟〝さつまいも〟等、牛や豚のえさのようなものを食べる生活であっても、天皇家が巨大過ぎるほどの神殿に住み、広大な敷地にいくつもの神殿を造り、ぜいたくな生活を送っていても、決して逆らうことのできないようにしつけられた国民であった。

始祖の時代から絶対権力の象徴、国家権力の象徴、天皇は神である、と無言のうちに国民は植えつけられて、誰一人逆らう者はおらず、もし批判でもすればすぐに憲兵がやって来て、ひっ捕らえられて牢にぶち込まれたのである。京都御所のあの広い神殿がありながら、江戸の広大な屋敷といくつもの神殿、あちこちの保養所、サファリのように広い自分たちだけのための食料生産、自分たちだけが食べるための、家畜場を持っているというのは、何もかもが我よしの生活ではないか。皇室というものは始祖の時代からそういう存在であり、今なお、おおっぴらに天皇家を批判する人など、日本国中ただの一人もいない。

これは始祖の時代からの圧政、ではなく〝圧皇室〟のせいであり、今なおこれが続いている、ということであり、愚痴、不満は聞こえないようにボソボソと言う他ない。日本国民が奴隷化されているからである。「我こそは神」と自ら言った者は、世界中で日本国天皇だけではないか。ヒットラーでさえ「私は至高なる者（神）のために働く」と言い、バチカンは「父と子と聖霊のみ名において、アーメン」と言う。

イギリスのバッキンガム宮殿と、日本の皇室を決して一緒にしてはならない。イギリス皇室と日本の皇室を、決して同一視してはならない。イギリス皇室は、国民から税を取り立てて暮らしているのではない。イギリス皇室は自分たちの暮らしを自分たちの収入を得て、それで暮らしている。国民の税で暮らしてはいない。

日本の皇室は、始祖の時代から、そして今日まで、気の遠くなるような長い歳月、国民の税をしぼり取って暮らしてきた。初代天皇から今日の天皇まで、国民がどれほど飢え、爪に火を灯す生活をしていても、あわやひえを食べ、米さえ食べられなかった時代においても、日本の皇室という存在は、国民から搾取した金で暮らしてきた存在であった。基本的には今も何らそれは変わることはないと思う。

だって不況であろうが、会社がバタバタと倒産していようが、町々がシャッター通りとなろうが、年間三万人以上が自殺していようが、若者が餓死しようが、職を求めて国民がさまよおうが、娘に億の金を持たせ嫁がせたというから。多摩川の河川敷に今なおたくさんのホームレスがおり、台風の激しい時は川沿いに上流や下流へと行ったり来たりしているそうである。皇室の方々も、橋の下に住んでいる人たちを一度訪ねてみたらよいと思う。

たった二人しかいないのに、あの巨大な皇居神殿を建てるという、国民から搾取した金で、これらのことをやるという、始祖の時代からの慣習は、いまだ何一つ変わってはいないと私は思う。国民に媚び始めても、もはや後の祭りである。私にはただのパフォーマンスにしか映らない。国民の痛みはこの人たちにはわからない、と私は思っている。こんな時に女性宮家創設の要請である。こんな時に……。

ともあれ、霊なる神が言われるには、日本国が前古未曽有のこの災害に襲われた原因は、日本国政府と皇室が拉致被害者を救わなかったためだという。この天罰を日本国民の頭上に、どの国よりも一番最初に下す、と霊なる神は言われた。

日本国中、今この被災者たちに向けられ、国民一体となってこの被災者のために頑張っているが、この災害の被災者たちに、愛のかけらも、同情の一かけらも霊なる神も、イエス・キリストも持たれてはいないそうである。何となれば、この未曽有の大災害を日本に与えられたのは霊なる神本人であり、山と海を動かすイエス・キリストの与えられた日本国民に対する天罰だからだという。

愛のかけらも同情のかけらも持ってはおられないという。これは日本沈没の序奏に過ぎない。愛と慈悲の目を今もかけられているのは、拉致被害者の人たちとその家族だけであるそうである。

我よしの人間はもはや救われない

これだけ言ってもまだ「このやろう！　このやろう！　何を言うか、もったいない。天皇・皇后を敬え！」という人々は、残念ながら、教祖はその信者と共に、新興宗教の者はその教団の教祖と共に、火の海に投げ入れられ消滅する運命である。霊界ではもう霊なる神と、イエス・キリストの大審判が、最後の審判が始まった。いらない人間はもう容赦なく火の釜と、海のように広く創られた火の海へと投げ込まれ、消え去っている。

現界ではまだ肉体の滅びが始まったばかりであるが、地上の人間がすべて死に絶えた後、霊界での霊体、霊魂の消滅が待っている。何度も言うが、それはもう霊界では始まっている。その時になって助けてくれ！　と泣き叫ぼうが、赦してくれ！　と神に救いを求めようが、一切無駄である。身から出た錆《さび》とあきらめて、火の海に放り投げ入れられる他もはや道はない。

霊なる神のタイムリミットはもう残されていない。人間のタイムリミットまであと二十年ある（この本が出版されるのは二〇一二年二月であるから、もうあと十八年しかない）。目を覚ますか、偽善ではない、真の愛に目覚めるか、この私の言うことを今は理解できなくても、黙って静かに耳を傾け、たとえ今はわからなくても、これが真実霊なる神の言葉であると信じ、深く心にとどめる者であるのか、ないのか、人間の立てわけのために、この現界に、さらに十八年という時を待たれ、見守られている。時がすごい早さで過ぎていっている。今の段階で十八年と言っているが、霊なる神がその日、その時を縮めたり延ばしたりされることを頭に入れておかねばならない。スピードが早まっていることを感じる。

一人でも多くの者を霊なる神の創造、新しい天と地に連れて行かんがために。「神は霊」「神は愛」である。そして今、巨大な山をも動かす、巨大な海をも動かすイエス・キリストが再臨し、この日本にいる。

皆必死で肉親を捜し回っている。我が子、我が息子、娘、夫、妻、親たちを毎日毎日血まなこになって必死で捜し回っている。

そういう人たちは、誰よりも拉致被害者たちの気持ちがわかったかもしれない。福島原発の避難所の人々は、「早く家に帰りたい、早く家さ、帰りたい」必死でそう訴えている。毎日「早く家に帰りたい」と言っている。置いてきた牛や田畑が気になるということもあろうが「早く我が家へ帰りたい、一刻一秒も早く、自分の家に帰りたい」。これを聞きながら、日本国民は、拉致被害者と残された家族の気持ちがわかっただろうか。

ある日突然異国の地へ連れ去られる恐怖と、家に帰れない悲しみと、それを捜し続けいまだ取り戻せない家族たちのこの苦しみが、日本国民にわかるのか。

日本国政府に、皇室の方々に、この人たちの苦しみがわかるのか。日本国絶滅の原因はこれである。この冷たさ、無関心、愛のかけらもない日本国政府と皇室の責任である、と私は思う。

福島の小学生が別の学校に転校していくと、小学生の子供のくせに「放射能が汚い、放射能がうつる」といじめられ、また福島へ帰ってきた、と言っていた。こんないじの悪い子供に誰が育てたのか。その親であろう。こんな愛も慈悲もない親子共、火の池に投げ入れられ消される運命であるが、こんな子供の親に限って「助けて！　助けて！」といざその時になると叫ぶのである。

残念だが「命の書」からこれら意地悪な親子はとうの昔に消されてしまっている。「チーン、ご愁傷さま」という言葉さえ、もはや言いたくもない。さっさと死んで、親子して火に焼かれて死んじまえ!!　と私は思っている。

復興増税賛成派が七ヶ月近く経って少し減り、57・7％になった。それにしても国民の60％に近い。その57・7％の人々は二〇一二年以降、一言も、かけらも文句や不平不満を言ってはならない。増税に賛成したのだから。賛成しておきながら、そのようなことを言おうものなら、天罰が下り、一気に転落するだろう。だから決して文句を言ってはならない。

ひと月して有名な遊園地が開園した。人であふれる人間にまじって二十代の娘たちが泣いている。泣いているこの娘たちを、ポロポロと涙を流して泣いている二十代の娘たちをテレビカメラがズームアップした。テレビクルーたちも、よほどこの娘たちの涙に驚いたか、たまげたかしたから、泣いている娘たちをズームアップしたのである。なんで泣いているのか。

人がその遊園地のキャラクターの着ぐるみを着て、ピョンピョン跳ね回っているのを見て、記者が何で泣いているのか尋ねると、「もう会えないのかと思っていた」と二十代の娘たちがそう答えてまだポロポロ涙を流して泣いている。

人間がキャラクターの着ぐるみを着て、ピョンピョン跳ねているだけである。それを見て二十代が泣いているのには驚いた。こんな馬鹿娘たちを二十年間も育てたのは誰だ？　親である。親がバカなら子もバカ。親が馬鹿だから娘たちも馬鹿娘。この着ぐるみと一枚の写真を一緒に撮るために、どこまでも続く長蛇の列。日本は愚民の住む国である。

馬鹿や心の盲人や愚民など「私はそんな人間などもういらない。一を聞いて十を悟る人間以外、もういらないぞ。愚民よ！　愚か者よ、覚悟しておけ!!」と、今霊なる神とイエス・キリストは鬼か悪魔か？　という形相をしておられる。

何しろ、霊なる神と光とによって自分が創られ、生まれ、生かされていることを忘れ果て、「我こそは神になる、我こそは天地創造の主であり、地上を支配する支配者となる!!」と言って、光の世界にはおられなくなり、そそのかした連中と共に地獄へと墜ちていった馬鹿のルシファーが、霊なる神と同様、決して肉体を持ってこの地上に現れることはなく、霊なる神と同様、人間を使い、人間を操る。

何しろこの大魔王、本質が馬鹿で愚か者であるのだから、実に何度も言うが、霊なる神の真似事をしているだけなのであるが、この馬鹿で愚か者のルシファーにすっかり操られ、洗脳されてしまったこの地球上の人間は、あまりにもその数が多くなり過ぎたため、今回はこの大魔王ルシファーとしもべらに第二の死をもたらすため、霊体・霊魂を火の池に投げ込み焼き払わなければならない。その地球上の人間のほとんどと言っていいぐらいの人数をルシファーと共に焼き払い、消滅させねばならぬため、霊なる神も、今再臨したイエス・キリストも、彼らと同じように鬼か悪魔か、という形相になっておられる、というわけである。

十四万四千人、これより増えるか減るかは今後わずかに残された時間内の人間次第である。

もう一人いかがかと思う例を。

新学期の小学四年になられたら(二〇一二年には五年生である)、雅子妃の愛子様へのお付き添い登校はもういくら何でも止むだろう、それにこの日本危機の大災害の後である、と心ある人たちはそう思っていたところ、なんと、四年生の始業式の日からのお付き添い登校をまだされているそうである。週刊誌が仰天してそう書いていた。「雅子様、もう学校には来ないで!!」という皆の言葉をしりめに、折りたたみのイスで教室の後ろで授業を見ていたり（その間廊下には警備が二人立っているそうである）、休み時間もじっと愛子様の遊ぶ姿を見つめているという。

子供たちは緊張を強いられ、当然毎日一人で教室の後ろでじーっと授業を見つめられるなど先生にとっても緊張の連続の一年であったので、この前古未曽有の大災害のさ中であり、もう四年生になられるのだから、お付き添い登校はなしだろうと思っていたところ、教室では最近になって批判を受けたため、貴ひん室で、愛子様が自分の好きな授業だけを受けて帰る時間まで一人でじーっと待っておられるそうである。

これは異常であると思う。これを当然、異常ではない、と言い張る人は異常であると思う。

世の親たちは夫婦共働きをしなければとても食べていくことも生活することもできなくなり、世の夫婦はほとんどが共働きをしている。赤ん坊を抱えていても必死で職に就こうとしている。うちの前の家の子供は生まれてすぐに「かわいそうにねー」と私がしんからかわいそうと思うぐらい赤ん坊の時から、生まれてすぐに保育所に預けられ、「仕事が見つかりました！」とうれしそうに私に報告してくれたが、横も前も、若夫婦は小さな赤ん坊や、三歳ぐらいになったら保育園に預けている。預かってくれる保育所も、入所希望者があまりにも多過ぎて、運がよくなければ保育所にも入れないという。

働かなければ食べていけない。夫の給料もボーナスもカットされ、あるいはいつリストラされるかわからない。津波にのみ込まれた数万の人々も、今現在を生きる人間も、皆必死で、生きるか死ぬかの戦いにさらされている。四年生にもなる我が子と一緒に学校についていき、授業の終わるのをじーっと待って一緒に帰る親など、世間にいるだろうか。

私などは、この人は一体何を考えているのだろうかと思ってしまう。東宮御所のいく部屋もある御所内を、「今度地震が来たら、この部屋にお父様、この部屋にはお母様」と広いいくつもの部屋を駆け回って、今度地震が来た時の逃げ部屋を決めて回っているという記事も見かけた。

原発事故発生後七ヶ月が経って、やっと子供の甲状腺検査が始まった（10月8日）。

0〜18歳までの約三十六万人を対象に、超音波で甲状腺の大きさやしこりの有無を検査。約一ヶ月後に結果がわかるというが（三月末に実施した被ばく測定の結果。一一〇〇人の子供のうち四十五％が被ばくと八月に発表と書いてあるのを読んだが。五年・十年ピーク、十五年経たないとわからない、と）。

チェルノブイリで子供に甲状腺ガンが多発したのは、事故から何年も経ってからである。そのためであろうが、約三十六万人の子供たちは生涯にわたって検査を受け続けなければならないという。0歳からガン発症におびえて暮らすのである。子供だけではないだろう。

七ヶ月が経った今、高濃度の放射能汚染水が大量に海に、そして河川に流れ続け、空からはノストラダムスの予言した「空から恐怖の大王が降ってくる」の言葉通り（先にも書いたが、この程度のことをノストラダムスは予言して言ったのではない）、海にも空からも、川や土にも恐るべき放射能が今なおやむことなく降り注ぎ、流れ込み、土じょうの中にしみ込んでいることなど、真実を直視しようとしない日本国民は信じないだろう。ごくごく少数の日本人だけがそれを知っているはずである。

皆がこんなに苦しい思いをしている時に、東宮家はのん気に親子三人で三週間も避暑に行って遊び回ったり、校外学習に母親が何十人もの警備を引き連れて、国民の税を使って、他人から「異常」といわれるようなことをすべきではない、と言っているのである。学習院保護者たちからは「皇太子夫婦は自分たちのことしか考えていない」という声が上がり出したと聞く。雅子妃はたくさんの義援金を国民にもらったブータン国王夫妻に、あいさつぐらいすべきである。見事に知らんぷりとは信じられない行為である。

「パンを食べられなくなったのならケーキを食べておればよいではないか」と言っていたフランスの王妃マリー・アントワネットは、パンもケーキも食べられなくなった庶民が、我慢の限度を越えた時、一斉に国民は立ち上がり、断首台へと送られてしまった。マリー・アントワネットは国民からギロチン台へと送られ、首を切り落とされ殺された。他でもない、自国の国民たちによってである。国民を顧みなかった天罰が下ったのであろう。

死んだ後、自分ではまだ気品とぜいたくと美しい顔と思い込んでいたろうが、おぞましいがい骨の顔となって、本性を暴き出される。本性があらわになる霊界ではごまかしは通用せず、地獄の者が恐れるほどの醜いがい骨の顔となる。地獄の底ではいつくばりながら生きていたが、最後の審判の霊界での火の釜に、地獄の者どもと一緒に投げ込まれ、やっと最近になり消滅に至ったという。

昼間、復興財源の国会討論をやっていた。これを聞きながら、「もうだめだ。日本はほんとにもうだめだ、一番最初につぶす、と言われたが、ほんとにもうだめだ、最初につぶれてしまう」と思った（このようなことを書きながらも、自分では心の隅でかすかな一抹の希望を持っていたのである）。

そして、最後に生き残って、穴ぐらや洞窟に住み、「あっちへ行け！　ここには来るな！」と言われ、しぶしぶ自分の穴ぐらを岩にせっせと掘る連中、食料も家も着る物もなく、生き残った動物を食べつくし、今度は自分たちで殺し合いをして人肉を食らう、というおぞましい連中とは、この連中のことだ、と確信した。

習い性となり、この日本国の危機においてさえ、「菅やめろ！　菅辞任しろ！」とまるで動物が吠えるがごとく怒鳴り、追いつめるために菅総理（当時）の質問にやじを飛ばす。手に本を持ち、薬害エイズや先の検察逮捕事件やら、この災害とはまったく関係のない話を持ち出して、「あなた、この薬害エイズの本を読みなさい」と菅首相に迫っていた。

まだあの大震災からひと月余り、放射能はいまだ空と海とに垂れ流し、いつまで続くとも知れぬこの恐怖の中、逃げる時一銭もお金を持たず、身一つだけで逃げたたくさんの老人たちがいた。その一方、同じ被災者で家も店も何もかも失った人が、その辺にあったお金をかき集めて、少しのお金を持って逃げることができた人もいた。

逃げるのにせいいっぱいで、一銭のお金も持っていない年寄りがたくさんいる。これからこの人たちは一体どうやって暮らしていくのか。一銭のお金も持たずにどうやって生活していくのか、と同じ被災者でありながら、一銭のお金ももっていない年寄りの心配をしている人がいた。ひと月少し過ぎてもなおいまだ世界中から日本国中から集まった義援金を被災者に一銭も渡していないという。

家もない、一銭のお金もない、何か買おうにもお金がない、もうすぐ支援物資は打ち切られるそうである。仮設住宅は2年で出ていかねばならぬとは本当か？　何か避難民は2年したら出ていかねばならぬ、と言っていたがどこのことか？

この国はもうだめである。霊なる神の言われる通り、一番最初に滅びる国である。私は今日確信した。廃墟となったこの日本国土で、天罰としてあわれな姿で最後まで生き残らされるのは政治家たちである、と。食べる物のなくなった彼らは互いに殺し合うだろう。中には人肉を食らう者もいるかもしれない。習い性となった彼らの性格は決して直らず、天罰として最後まで生き残らせられ、互いの人肉を食らうかもしれない。そして最後は火の釜が待っている。

巨大地震と原子炉爆発のすぐ後、家が壊れてもいないのに東京からいち早く大阪、九州へと脱出した者が大勢いた。どこへ逃げても一緒である。私が教えておく。この人を押しのけて自分たちだけ助かろうと、自分の命だけが大事だと思った人。立派な家が壊れてもいないのに大阪と九州へわれ先に逃げ出した者は、霊なる神の「命の書」から消された、という。

我よしや、我先にの人間はもはや救われないのである。どこへ逃げても同じこと。皆日本国民すべて、死ぬ覚悟をしなければならない。霊なる神を信じ、霊なる神を認識し、霊なる神と共に生きる者は死を恐れない。霊なる神に愛された者は、死をまったく恐れる必要などない。私たちは霊なる神の「霊」と「光」とで創られている。

肉体は仮のものである。霊体で生きるのが人間の本来の姿である。度しがたい死が、人間にとって経験のないものであるだけに、最大の恐怖であることは間違いない。しかし、何一つ恐れることはない。親であり、創造主であり、新しい天と地の創り主である霊なる神を信じて生きることである。愛と正直と勇気だけを持っていればそれで十分である。

愛と正直と勇気――。どれほど年を取った者も、子供も、赤ん坊も、親が愛と正直と勇気を持ってさえいれば、新しい天と地へ霊なる神が、肉体が滅びてのち、そこへと連れて行かれる。

子供には親が大切である。親がそこへ行く資格、愛と正直と勇気を持って最後まで耐え忍び、これを失わず終わりまで生きれば、必ず子供もその親も新しい天と地へ行く。老人も若者も、愛と正直と勇気を持って最後まで耐え抜き、霊なる神が常に見られていることを信じて、肉体の死を恐れず、ただ霊なる神のみを信じ、終わりまで耐え抜き、勇気を持って耐え抜き、そして死ねば、新しい天と地が待っている。

他の何ものをも信じてはならない。偶像を拝してはならない。何ものをも握りしめてはならない。何々教団の教祖や、新興宗教の教祖や皇室の崇拝をしてはならない。何一つ握りしめてはならない。天地創造の神、霊なる神以外、決して信じ、握りしめてはならない。霊なる神以外、もはや我々を助け、救われるお方はいない。八百万の神々が火の海へと投げ込まれ、抹殺される時である。

私たちが待ちに待った、二千年もの間、待ちに待っていた時がついに来たのである。霊なる神の子らは、喜びに喜ぶべし。この日本壊滅を！　この日本沈没を!!　新しい天と地へ行く日が近づいたのである。霊なる神と、日本再臨のイエス・キリストの起こすこの日本大災害を、この日本壊滅と人類絶滅を、大いに喜び感謝すべし。

私たちの天国が、新しい天と地へ行く時が近づいたのだから、大いに喜び感謝すべし（そこがどういうところであるか、そして人間がどういう姿になるかは、『預言の書』に詳しく書いた）。霊なる神に立ち返るべし。新しい天と地の創り主、万物の創造主、霊なる神へと立ち返るべし。救い主は「霊なる神」以外にないことを知るべし。死を恐れることはない。霊なる神の計画を知る者は死を恐れず、霊なる神の子であることを知る者は死を恐れず、むしろ喜ぶ。死は喜びである。「死を恐れることは何一つないことを、人々に伝えなさい」と言われるので、私はそれを伝えているだけのことである。

終わりまで耐え忍ばねばならない。もう耐えられないと思うところをさらに耐えて、終わりの時まで耐え忍び生きねばならない。この日本から始まる世界の破滅が、人類の滅亡が、地球と太陽と月の消滅が、太陽系銀河の消滅が、霊なる神と再臨したイエス・キリストの手によって行われる。最後の審判の時である。愛と正直と勇気を持って、最後まで耐え忍び、生きることである。死を覚悟して。死を決して恐れずに。

今日の政府の復興財源に関する国会討論をテレビで見ていて、正直私は元気がなくなった。何という国だろう、この国は、と怒りなど通り越して、絶望を感じている。

この大災害を日本人は一年も経たぬうちに忘れ去るだろう。被災者のことなどもう見向きもしなくなるはずだと思う。

外国人記者が「日本人はお笑い番組なんか見ている場合か！」と怒っていたが、この巨大地震と巨大津波に数万人が流され、避難民が数十万も出る日本国危機の時に、一週間もしないうちにテレビはお笑い番組、グルメの料理番組、化粧品ＣＭに変わった。この大震災からわずか二日後には、今まで収録していたそれらのものを放映する、と決められていたそうである。

もうすぐあわれな被災者たちは、必ず忘れ去られると思う。半年間で仮設住宅の自殺者三十八人。

ここへ来て何だか私は気が抜けて、ふぬけの状態になっている。一体このモヤモヤは何なのか。あの国会討論の野次と的はずれな質問にヘドが出てこの状態になっているのか。原発の放射能がいまだ止まらないからか。福島県が「一世帯あたり5万円を配る」とどこかで聞いた金額のせいなのか。

今日、本当に福島県は一世帯あたり5万円を配っていた。牛や動物、田畑が気になり、どうしても避難しなかった人たちに、「もし国が援助をしなかったら、そのお金は返してもらう」と言われていると福島の人がテレビで言っていた。避難しなかったから、という理由であろうが、牛乳も野菜も米も、出荷禁止で大量の牛乳を毎日捨てているのである。何ということであろう。あの世界中、日本中から集まった義援金はどうなった？　どこへ行った？　数千億の義援金を国から県へ、そして市町村へと渡すそうで、一市町村にはとうの昔に数十億の義援金が渡されているが、どうのこうのと言って、ひと月以上が経つのに被災者にはまだ一銭も渡していないという。

県・市町村に義援金を渡したらどうなるか。被災者はあわれな状態のまま放置されるのではないか。雲仙普賢岳大噴火の時を見れば、義援金が、県や市町村に渡ったが最後、被災者はこっぴどい目に遭う。

今日も朝の四時過ぎに、震度5強の地震が今までとまったく別の所で起きている。

気象庁はやっと、一週間ほど前に「これは余震ではない」と言った。最初からこれは余震ではない、と私は言っているのに。やっとわかったかと思った。

どこから来るのかこのモヤモヤとふぬけの状態は、といろいろと考えてみてやっと気が付いた。『預言の書』『神への便り』そしてこの原稿『神からの伝言』、まだどれも本にはなっていず『預言の書』があと2ヶ月足らずのうちに書店に並ぶ。

某書店へは来年に行くという知らせが来て、『神への便り』は今から編集作業が始まり、すべて終わるのに7ヶ月かかる。この『神からの伝言』はいつになるかわからない。出版に至るのか至らないのか、さっぱり今はわからない。私は書くことには何一つ苦労したことはない。何しろ三十二年間もまったく世には出ない原稿をせっせと書いてきたのだから、書くのに不自由したことはない。

これを書き終えたら、ともかくあと二冊分の原稿を書くだけ書きためておこう。いつ何時出版できる時が来るかもしれないから。今乗っている時に、とりあえず、二冊分の原稿だけは書いておこう、ともう二つのタイトルもつけていた（ちなみにタイトルは〝ハルマゲドンの時〟と〝新しい天と地へ〟である）。

書き始めたら一気に書いてしまう。まったく書くということに苦労した、ということはなく、その反対で書くことが楽しい、それが本音であり、だから世にも出ない原稿をせっせと書いてきたのだと思う。

ここへ来て私は力が抜けて、ガクッとしている。数日前読んだ本のせいだと、いろいろなぜだ？　と考えた末、やっと原因がわかった。

書けないのなら最初から書くな

『出版大崩壊　電子書籍の罠』（山田順著、文春新書）を読んで以来、数日前にこれを読んで以来、ズドンと落ち込んでいる。今はつぶれてない出版社の編集者を三十二年間もやってきた人で、倒産しないうちに依願退職者を募ったので自分も依願退職をし、前々から興味を持っていた電子書籍にのめり込み、徹底的にやり尽くしてみた結果のこれは報告である。

電子書籍の罠。実にうまい話のように見える狡猾《こうかつ》にしかけられた罠である。どれほどのベストセラー本であろうと、電子書籍にすると、ゴミと一緒にまぜこぜになり、膨大なコンテンツ群の中に埋もれてしまい、リターンなどないことを覚悟しておかねばならない。

高名なベストセラー作家が今までの出版社と手を切り、自らの作品を一本化しようと電子書籍の会社を立ち上げたが、つまり出版社も編集者も〝中抜き〟ということである。これまでは電子出版が進んでも出版社は〝中抜き〟されないという見方があったが、しかしそうではないことがこれで明らかになった。つまり、今後、電子書籍がリッチコンテンツになっていくとしたら、その市場では、既存出版社も既存編集者もほぼ必要ではなくなる可能性が強いという（ただし、ノンフィクションは違うかもしれないとか）。（筆者注・なぜノンフィクションが違うのかがわからない）

人気作家の電子書籍会社立ち上げのメルマガでのコスト公開。

ということで、定価は１５００円に設定。《現在１００００ダウンロードを優に超えています。わたしもグリオも確かな手応えを得ました》というので、仮に

1万ダウンロードとして計算すると、1500万円の売上げにしかならない。このうち、プラットフォーム（アップル「iPadなど」）が30％を持っていくとしたら、既存の出版社が外注費をかけて制作したら、収入は微々たるものか、あるいは赤字になる。

村上（引用者注・龍）氏のような人気作家でもこうなら、それ以外の数多くの作家をかかえる出版社が、すべての作品を電子化できるだろうか？

村上氏はこうも書いている。

《電子書籍は、グーテンベルク以来の文字文化の革命であり、大きな可能性を持つフロンティアです。電子書籍の波を黒船にたとえて既得権益に閉じこもったりせずに、さまざまな利害関係者がともに積極的に関与し、読者に対し、紙書籍では不可能な付加価値の高い作品を提供することを目指したほうが合理的であり、出版、ひいては経済の活性化につながると考えます》

たしかにその通りだが、出版、ひいては経済の活性化の恩恵は、既存の出版社にはもたらされないのである。（前掲『出版大崩壊　電子書籍の罠』より）

ひとまずこの話は置いておいて、私が今出版しようとしている出版社の担当者は一番最初にこう言った。「どれだけ内容がよくても無名の者の作品は売れません」。この一言で三十二年間頑張ってきた疲労の上に、さらに絶望的な疲労が襲った。原稿を送ったばかりの者に、いきなり出版しても、無名の者の作品は売れません、とぴしゃりとやられた。最初から売れないとわかっていて出版する馬鹿はいない。自己満足者は別だが。私は自己満足でやっているのではない！　と何度も何度も言う。疲れ果てるほどに。原稿を読めばそれはわかるはずである。

三十二年間も出版社に蹴られ続けた私としては、もう出版社などとは一切かかわりたくない、と思い、自分で何とかしようとパソコンとインターネットをまず自分のものにしているうちに、電子書籍が普及して来るだろうから、自分で電子書籍で本を作ろう、と思いパソコンとインターネットを頑張ったが、どうにもややこしくて二ヶ月もしないうちに頭が痛くなり放り出してしまった（厳密にいうと一ヶ月もせずに放り出した）。

ケイタイも持ったことのない自分に果たしてうまくやれるようになるのか？　という不安は最初からあったが、とにかく自分の本を世に出したい、という一心であった。打つ手がなくなったから「無名の者の本は売れない」と最初に宣言されても出版社に頼むしかない。この5ヶ月担当者は「売れません、売れません。知名度がないとどんなに内容が良くても売れません、厳しいです」とずっと言い続けてきた。そこでケンカになる。

「あなた、今から本を作るというすべての人に、そんな風に最初から本を作っても売れませんよ、と言っているんですか。そんな馬鹿なこと他の人には言わないでしょう。私だけに言っているんですか」「あなた一番最初から〝無名の者の本は売れません〟とずーっとこの5ヶ月間も言い続けているけど、他の人にもそう言っているんですか、私だけに夜も眠れないほど、腹が立って、頭に来て夜も眠れない状態なんだけれど、あなた私に牽制しているんですか」

「売れない、ではなく厳しいと言っているんです」(〝売れない〟と〝厳しい〟と両方言った。〝知名度がないと〟、と〝無名の者は〟と両方言った。「クソッ！」と頭に来過ぎて「クソ、バカ、○○」と5ヶ月ぐらいの間に3、4回は言ったが、この担当者、まったく動じない。後に私は彼の言った意味を、いやというほど思い知らされることとなる。「あなたが言っていたことがよくわかった。あなたは正しかった」と言ったが「クソ、バカ、○○と言ったりしてゴメンナサイ」などとあやまりはしない。まだわからない。今始まったばかりなのだから)

「やってもいないうちから、担当者として何一つ努力もしないうちに、何の協力もする気はまったくなさそうだけれど、最初から売れない売れない、無名の者の本は売れないと言い続けだけれど、あなた担当者なのに、一切の協力はしない、という、まるで売れようが売れるまいが自分は知ったこっちゃない、という態度だけれど、T社の社長はこう言っていましたよ。今まで世話をかけた印刷会社や書店や取次をつぶすわけには行かない。売り上げが落ち込んできた時、これではいけない、となりふりかまわず本におまけをつけて売ることを思いついた、と。もうすぐ電子書籍と戦わなくちゃならない時が必ず来ます」

「大丈夫ですよ、紙の本がなくなることはない」

「どうしてそんなに危機感がないんですか。ケイタイを見てごらんなさい。入ってきたらあっという間に普及してしまったではありませんか。これから電子書籍が勝つか、紙の本が勝つかの戦いが始まる時が必ず来ます。紙の本を売る以外、生き残る道はありません。その危機感のなさは一体何なのですか。売れない売れないばっかり最初から言い続けて、売れるように全力を上げて努力したらどうですか。今までのようにマニュアル通りのことだけをしていたら生き残ることなどできません」

この5ヶ月というもの、この担当者との言葉での戦いで、書くことよりも、その売れない、売れない、無理です、厳しいと言っているのです、こればかり聞かされ続けて、ほとほといやになり落ち込み、三十二年かかって書き続けた結果がこれか、無名の者の本は売れないのか、と絶望の極みに陥り、まだ努力もせず、その結果も見ず、最初からずっと一貫してそう言い続けるこの担当者に本気で私は怒りを覚えた。

できることなら全部自分でやりたい。あのベストセラー作家が出版社からではなく、自ら会社を立ち上げて電子書籍を出したというのは、出版社に対して何かそういういやな思いを抱《いだ》いたからではないかと思った。最近まだそれを言おうとするから「結果も見ず、なりふりかまわずの努力もせず、二度とそういうことを言うな!!」と怒鳴りつけ、わかったのかどうかわからないが、もしこの『預言の書』が売れなければ、あなたの出版社は5年以内に必ずつぶれる、と宣言した。

もしこの『預言の書』を売る努力も広める努力もしないような出版社なら、必ず5年以内につぶれる。前掲『出版大崩壊　電子書籍の罠』によると、もうすでに自分のいたK出版社は倒産の危機で、あちこちの出版社ではリストラが始まっている、という。のんびり明日の日もあるさ、と危機感もなくボーッとしていた出版社や、この田舎でも昔からのしにせ大型書店がもう十年以上も前に三軒つぶれた。大型しにせ書店とずい分昔からいばっていた書店である。三軒とも。本は溢れるようにいっぱい並んでいるがその後出店した我が家から歩いて3、4分の書店も、そこでは誰も単行本など買わない。私ぐらいである、取り寄せ、取り寄せで単行本をしょっちゅう買うのは。そもそも人が、客がいない。

今日書店に行って眺めたが、この大ベストセラー作家、最近、自分で電子書籍会社を立ち上げた、という。あの例の大ベストセラー作家の立派な単行本が並んでいて、相変わらずフワフワとしたこれも恋愛ものである。帯を見ただけで、つまらなさそうな完全に男と女の恋の話である。立派な単行本である。しかし、もうこの人の本は売れない、と私は確信した。担当者のYさん、無名の者の作品は売れない、と私に宣言したけれど、私はこの超がつく売れっ子作家、ベストセラー作家の時はもう終わった、とはっきりと確信した。そして、電子書籍会社も失敗に終わる、と。

前掲『出版大崩壊　電子書籍の罠』の著者が言うように、電子書籍の罠にはまって、今日書店でその作品を見た時、人間が死に直面している時に、フワフワした恋愛の話など決して読まない、と。自らが死を覚悟しなければならない時に、恋愛ものの立派な単行本など人は決して読まない、と確信した。このベストセラー作家は昔からフワフワした恋愛ものしか書かないのだろうか、と今日思った。こういうたぐいの小説に私はまったく興味がないので、昔から一度も読んだことがないが、人間が自分の死の覚悟を前に、こういうものしか書けないなら（新刊書である）、もう作家としては終わりであると個人的には思う。
橋田壽賀子《すがこ》氏が雑誌のインタビューで、この日本の大災害について聞かれ「この恐ろしい巨大な津波の災害を見ながら、私は一体今まで何を書いてきたのだろう、と今心底虚しさを感じている」と語っていた。今までのプロ作家、ベストセラー作家、芥川賞、直木賞作家、それらプロ作家の時代は崩壊し、私のような無名の者、三十二年も誰からも見向きもされなかった者、残された時間に世に出られる者は無名の者である、と私は信じている。

私が虚しさを感じたのはこれらのことばかりではない。
他にもグーグルが世界中の書籍をデジタル化しようとしている、それにアマゾンが続いている、出版業界は総崩れの状況、不況なのに毎日二百冊以上も出版されているという。

本をつくってきた側の立場から言わせてもらえば、「毎日追われるようにつくっている本なら、出さないほうがマシ」「出さない選択のほうがよほど賢い」ということになる。編集者というのは、売れる本よりいい本（社会的に意義のある本、価値のある本）を、納得のうえで出したいものだ。それが売れてくれて、つまり、社会に価値を認められて、初めて報われた気持ちになる。

ところが、ビジネスとしての出版経営は、たいていの場合、毎月決まった点数を刊行するというノルマのもとに運営されているから、打席数が増えれば増えるほど、1冊の本にかける時間は減少し、その結果、本のクオリティは落ちていく。

（前掲『出版大崩壊　電子書籍の罠』より。傍点引用者）

その後には「読者のことを考えなくなった本の販売」という見出しがついている。まだいろいろと落ち込む話がたくさんあるが、私がギョッとなったのは次の言葉である。

出版社が育て上げ、編集者の尽力があって、これまで多くの著者が世に出てきた。小説などの文芸作品を除いて、たった1人で1冊の本を最初から最後まで書ける著者は意外と多くない。（前掲『出版大崩壊　電子書籍の罠』より）

出版社が育て上げ、とは一体どういう風に育ててもらうのだろう。普通、自分が書いた原稿を、一行たりとも変えられたくない、というのが書く方の思いだ。出版社がおんぶにだっこで著者を育てるなどということがあり得るのだろうか。そういう人間が作家としてこの世にまかり通るのだろうか。そういうことをやっている出版社も著者も、力のなさ、実力のなさ、出来の悪い子供を家庭教師や塾に通わせ、〝頑張るのよ！　頑張るのよ！〟と叱咤激励している図が浮かんでくる。

子供でも真によくできる子は、塾にも行っていないし、家庭教師についてなどいない。これが真実である。真に勉強がよくできる優秀な子供は、塾とか家庭教師にはついていない。皆が行っているからと言って塾へ通う子は、ほとんど何も身につかず終わっている。高い月謝を払って（なぜこうなるかというと、高い月謝を払って学校と同じスピードでやっていては親は納得しない。学校で習うことより先に教えてもらうのがよいことだ、と親は思っている。塾で先に教わっているので、「もう習った」と子供は授業を聞かない。学校での授業中、まったく理解していなかったとしても授業を聞かず、騒ぐ。何が一番大切かというと、学校での授業をよく聞き、帰り道々にはそれはもうすぐ忘れる。大人でもそうである。家に帰り着く頃には授業中習ったことはもうすっかり忘れている。そこで復習が大切なのである。予習よりも今日習ったことの復習、それでもわからない所があれば学校の先生に聞く。復習さえしていればよいのである。学校より先に先に教えてもらう方がよいのだ、と考える親の方が間違っているのである。よって、皆が行っているからと言って塾に行く子の成績は上がらない）。

自立心を持ち、自主学習のできる子でなければ、他から何を言われても決して身につくことはない。何よりも大切なのは自主学習である。とうてい信じがたい出版界の話はまだ続く。

「たった1人で1冊の本を最初から最後まで書ける著者は意外と多くない」

なら書くな！　書けないのなら最初から書くな。最初から最後までたった一人で書いている者に対して失礼ではないか。恥ずかしいことではないか。自分で書けもしないのに「著者」などと呼ばれて恥ずかしくないのか。編集者もこの偽著者も、どっちもどっちである。こういうことをしているから、淘汰されてしまうのである。

今までは許されたかもしれないが、もはや汚いこと、間違ったこと、それらすべては明るみに出され、すべて淘汰される。もはや正しいこと以外、すべて抹殺されるまである。

「とくにノンフィクションにおいては、著作者1人で書き上げた本など、ほとんどないだろう」

私の驚きの嘆きとショックがどれほどのものであるか、想像がつくだろう。これが出版界というものなのか。正直立ち直るのに時間がかかりそうな気がする。これは本当なのか？　出版業界の世界とは、これほどひどいものなのか。

「とくにノンフィクションにおいては、著作者1人で書き上げた本など、ほとんどないだろう」（同前）

これらの出版業界はさっさとどんどんつぶれればいい。ノンフィクションを書き続けてきた者にとって、今年で三十三年目になるが、三十三年間もずっとノンフィクションを書いてきたが、誰の手も借りたことはない。最後まで全部自分一人で書いてきた。そして自分の書いたものに、一行たりとも変えられたくはない、と思うのが、真の著者というものである。と私は自分でそう思っている。

一九八七年に別の出版社から出した本も、そして『預言の書』も『神への便り』も『神からの伝言』もノンフィクションであるが、一行たりとも私の言葉を変えられてはいない。自分が最後まで書いたそのままである。長過ぎた『預言の書』を編集の方でまとめてもらっただけで、三冊とも、言葉の一語も変えられてはいない。一行たりともいじられていない。

書いた者にとっては、一行たりとも触られたくないというのが真実の本音である。幸い私の本は一行も変えられず、今日まで来た。別の出版社の時も何も言わなかったが、一行たりとも変えられなかった。すべてそのまま、である。

一体どういうことなのだ。出版社というところは。どうなっているんだ。まだ続く。

「場合によっては、ゴーストライターが丸ごと書いたという本もある。私もゴーストライターの経験があるから、これは断言できる。タレントが書いた本のほとんどは本人が書いていないのは周知の事実だと思う」

三十二年間も出版社に振り向きもされず、それでもひたすら書き続けてきた者にとって、このフェアではない連中のやり口は決して許せない。自分が最後まで自分の手で書かずにおいて「著者」などと、よく平気でいえたものである。この本の著者、三十四年間もその有名な出版社の編集者であったそうであるが、倒産しないうちに依願退職者を募った時、自分も依願退職をして、電子書籍会社を立ち上げた結果、『出版大崩壊　電子書籍の罠』を書いたというわけである。

……電子出版は否応なく進展し、プリントメディアの崩壊が近づいている。いままで自分はなんのために仕事をしてきたのだろうか？　と、日々考えるようになった。

この状況で言えるのは、もう後戻りはできないということ。そして、オンラインがいやなら、ネットに接続しなければいいということだけだろう。（中略）私と一緒に電子出版に取り組みながら新しいメディアのかたちを模索してきた仲間たちに、「こんな結論になって申しわけない」と述べておきたい。（前掲『出版大崩壊　電子書籍の罠』より）

で終わっているが、こんな田舎に住む者に、近年珍しく目を輝かせて夢中になって読み、赤線を引き、これは大切に持っていなければ、と思わせる著書を書いてくれたこの著者に、私は心から感謝している。芥川賞受賞作二冊を読み、あまりのひどさに高いお金を出して買って損した、と怒り心頭に発していたところへ、出版業界のこと、電子書籍のことについてこれほど詳しく教えてもらったことに、私は心から感謝している。この著書で救われる人がたくさんいるのではないか、と私は思っている。

現代は、あの太平洋戦争が起きた時とまったく同じ状況である、と書こうと思っていたら、『週刊現代』平成23年4月23日号が、胸のすくようなことを書いてくれていた。

連続する「想定外」の事態。後手後手に回る対応。そして、暴走する原発に立ち向かうのは、十分な装備もない「決死隊」。竹槍で戦闘機を倒そうとするような行為を英雄視し、美談に仕立てるメディアは、大本営発表を垂れ流し続けた歴史を繰り返している。その背後には無為無策で、自らは戦場に赴くことさえなかった指揮官たちがいる。ただ、かの大戦とは決定的に異なることがある。まったく目に見えない放射能という敵は、人類が自ら作り出した化け物なのだ——。

（傍点引用者）

「無責任」と「勇気のなさ」は、再び日本にわざわいをもたらす

実は、あの太平洋戦争も、この目に見えない放射能との戦いも、まったく同じなのである。市民３００万人が死に、若者の戦死者数知れず、沖縄の地上戦。雨あられの

ように空から降ってくる焼《しょう》い弾。地上の人間は黒こげになって焼かれ、日本国中火の海となり、日本国にうず高く積まれた子供も大人も老人も、黒こげの死体の山。

とどめは原爆2個の投下で数十万が死に、今なお原爆の後遺症で苦しむ大勢の人々。アメリカとソ連だけで、一七四五回に及ぶ原水爆実験、地下核実験のおかげで空からはもうすでに「恐怖の大王」が人類の頭上に降り注いでおり、ガンの死亡者、二人に一人である。

その後、何ヶ国もが核実験をして、今なお核実験をやっている国があることは周知の事実である。もう私たちの頭上にはとうの昔から「恐怖の黒い雨」がすべての人間の上に降り続けており、さらにまた、これと言わねばならない。

この放射能の降り注ぐさまは、目には見えないだけで、恐るべき回数の原水爆実験がもたらした、人類の放射能によるガンという病の元凶であり、さらにこの上に、と言わねばならない。

目に見えるものだけを信じ、目に見えない大切なことをないがしろにしてきた人類の天罰である。目には見えないことこそ大切であることを忘れ果て、目に見えることだけを追い求めてきた人類への「霊なる神」による天罰である。人類に対する「霊なる神」と、今再臨した、この日本に再臨したイエス・キリストの人類絶滅へのカウントダウンが始まったのである。

私たちはすべて死に絶える覚悟をしなければならない。

太平洋戦争の時と今はまったく同じ状況にある。政府は足を引っ張り合い、陸、海、空軍、誰一人アメリカと戦争をして勝つなどと思っていた者はただの一人もいなかった。アメリカがあちこちの他国を植民地化していた日本に対して怒り、また虐殺行為をしたり、目にあまる行為をする日本に対し、原油をストップしたため、まず国民がアメリカとの戦争を望んだ。原油のない生活で満足すればよいものを、ぜいたくに慣れていた国民がまずアメリカとの戦争を望んだ。

軍は、負ける戦争だと最初からわかっていながら、国民に対して「負ける戦争はやらない！」と勇気を持って言う者がただの一人もいなかった。内々で、「勝つ見込みなど決してない」と口々に言いながら、「負ける戦争などやらない」という勇気ある言葉を国民に対して言う者はなく、軍の見栄、国民に対する「負けるから戦争は決してしない」といえない軍人たちの見栄、勇気のなさ、そして結論を互いになすりつけ合うという、今の政治家たちがやっていることとまったく同じことをやっていた。

当時の陸、海、空軍、自分たちの軍部のことのみ大切で、今の政治家と同じく、この日本国危機においてさえ、足の引っぱり合い、分裂、対立、国民迎合、勇気のなさ、なすり合い、アメリカと戦争をするかどうかの瀬戸際の時に、である。無責任の極みがあの太平洋戦争を引き起こし、今、上（皇室）から政治家、日本国民の「無責任」は、太平洋戦争の時どころの話ではない。日本列島の「無責任」ぶりはもはや救いようがない。

この今の日本の危機の時に、当時の軍部とそっくり同じことを今政府がやっている。何とか話し合いで、と懸命の努力をしていた近衛首相が、「天皇のご意見を仰ぐ」と天皇の意見を仰ぎ、御前《ごぜん》会議で昭和天皇は、「私は反対だが、仕方あるまい」と、アメリカとの戦争をどうするかの相談に、必ず負ける、と軍のすべての者が思っているのに、軍の誰一人も勇気なく、この戦争をしたくないと思い、軍の見栄のため、勇気がないためそれを言い出せず、ぐずぐず互いになすり合いをしている時に、この昭和天皇の一言が決定打となった。
「やめろ！　アメリカなどと戦争するなど決して許さん！　負けるに決まっているのに何を考えておるのか！　断固許さん！　もしアメリカとの戦争をやると言うのなら、この私を殺してからやれ！」ともしこの時昭和天皇が言っていたら、あのアメリカとの戦争で、日本国が火の海と化し、数え切れぬ若者が無念のうちに死に、三百万の一般人が殺され、日本国が焼土と化し、死体がうず高く積まれ、若者のしかばねが異国の地で野ざらしにされ、埋めても焼いてももらえず、放置され、朽ち果てることなどなかったと思うと、残念でならない。広島、長崎に原爆が落とされ、あの悲惨もなかった。沖縄の地上戦の、あのむごたらしい悲惨もなかった。

昭和天皇は負けるとわかっているアメリカとの戦争を容認したといわれても仕方ないと思う。どこにも一切、昭和天皇があの戦争を「止めろ！　決してアメリカとの戦争など許さん！」と言ったという記述は「私は反対だが、仕方あるまい」という趣旨の言葉を御前会議で言われた、とされている。これに絶望した、この天皇の言葉に絶望した近衛首相は、辞表を出し、首相の座を辞任したという（私は昨夜、昭和天皇に関するぶ厚い本を読んでいて、仰天して目をむいた。「アメリカとの開戦はいつ始まるのか」と昭和天皇が聞いた、と書いてあり、目をむくほどに私は仰天した。ここまでとは、私は知らなかったのである)。

だから、それでも「天皇を敬え!」という者の気が知れない、と私は思うのだ。すべてあの太平洋戦争、日本国を焼土にした、多くの若者の尊《とうと》い命を異国の地に野ざらしに放置した、戦後もずっと放置し続けた責任は、天皇にあるのではないか? (六十六年が経った現在も戦場での遺骨収集が行われている)

A級戦犯が祀られているから靖国神社には私は参らない、と言われたそうだが、私は自分が三十歳のころから昭和天皇が靖国神社に参拝されたのを見たことがないし、その後、今日まで、天皇家が靖国神社に参拝されるのを見たことがない。A級戦犯が祀られているからと言われた、と聞いたが、もしそれが事実なら、私には「私はあの戦争にはかかわらなかった。私の責任はあの戦争にはない。すべて絞首刑になったA級戦犯たちがやったことだ」という意志表示としか思えない。本来なら自分がA級戦犯として刑に服するべきだったのを逃れた卑怯者であると言ったら言い過ぎだろうか。

昭和天皇については霊なる神から教えられたことを、先に書いた。聞き、教えられたことを書いたまでのことである。イスカリオテのユダ、イエスを裏切ったユダが「ユダは地獄へなど行ってはいないぞ。彼は天国へ行った。イエスのいる所、天国へ行ったぞ。皆にそのことを教えなさい」と言われたことを、私は「霊なる神」の伝達者であるので伝えた。

私は「霊なる神」の代理人である。イエス・キリストの弟子、ペテロである。三十二年間も、この日本にイエス・キリストが再臨した、と叫び続けてきた。ただの一人も信じる者はいなかったが。

皇太子夫妻が避難所を訪れることを事前に知らされておらず、着く直前に知らされた避難所の人たちは「早く！　早く起きて！　身の回りをきれいに片づけて！」と急かされて、急いで花を飾ったりしたそうであるが、アポなしで突然やって来られるとは迷惑なことではないか。アポなしの人は、私は決して家には入れない。ましてやひどい目に遭い、ひどい姿で、ひどい状態のところへ、身も心もヘトヘトになっている人々の所へ行くのに、直前まで知らせないとはおかしいのではないか。

見苦しい姿を人には見られたくない、ましてや皇太子夫妻にこのひどい場所、ダンボールで囲い、床に寝る姿など見られたくない、それが避難所にいるすべての人の気持ちではないかと私は思う。感謝の声があったとは一切聞かなかった。もう来てほしくない、こんな姿など皇太子夫妻になど見られたくない、それが本音だろうと思う。

私がその立場だったら、どこかへ逃げるだろう。「早く帰って！　早く帰って！」とブツブツ言いながら、この二人がいなくなるまで避難所の裏にでも隠れるかもしれない。私なら絶対にこの二人に会わない。避難所での姿など見られたくないからだ。

「雅子様、ご病気の方は大丈夫ですか？」「愛子様の学校の方はいかがですか」

避難者からこう言われたそうであるが、何となく皮肉を込めた言葉のようにも聞こえる。とにかく「ありがたかった」という声は一切なかったと聞いている。突然前ぶれもなく行くなど信じられない。無神経というものである。

前述したが、愛子様付き添い登校が今も続いており、一時間目から出席は今までと違い正常になったが、一時間目の終わりから出席ということもあるという。行くと言っていてその場で「行かない」とキャンセルはもう日常茶飯のことであり、側近も皆この雅子妃の言葉や行動に振り回されているという。それがもはや全国民が知るところとなってしまった。

まだ昔からの奴隷気質が抜けないのか、正面きって皇室を非難する者は国民には皆無であり、週刊誌、マスコミも持ち上げ、ほめそやすことしかしない。天皇を批判、非難した者は捕らえられ、牢にぶち込まれていた時の奴隷国民根性がいまだ抜け切れず、誰一人表立って非難や批判をする者はいない。

歴史をさかのぼって、本来スサノオを始祖とすべきところをどうでもよろしいアマテラスを始祖とした（興味のある人は、前著『神への便り』に詳しく書いたので、そちらを読んでもらいたい）歴史の最初から間違っている、と批判、非難しているのは私ぐらいのものだろう。右翼でも左翼でもないこの私が。

私は奴隷ではない。霊なる神の子であり、霊なる神の言葉を預かる預言者であり、霊なる神の代理人であり、霊なる神の言葉を伝える伝達者であり、今、この日本に再臨したイエス・キリストの弟子、ペテロである。霊なる神の子であり、たとえ天皇であろうと私は彼らの奴隷ではない。もうすぐその証明の時が来る。どちらが正しいか、の証明される時が来る。

一人でギャーギャー言ってきたが、今まで一人で戦ってきたが、『週刊現代』平成23年4月23日号に、もう一つうれしいことが載っていた。

佐野眞一×原武史　特別対談「見えてきたこの国の本性」である。

あの日を境に、この国は変わってしまったのだろうか。過去の苦い記憶を忘れてしまったかのように「団結」を強制し、「異論」を許さないかのような空気が蔓延している。日本人よ、どこへ行くのか。（引用者注・記事のリード文）

佐野　そういう集落の姿を見て思ったのは、ちょっと唐突に聞こえるかもしれませんが、近代天皇制にとって最も手ごわかったのは、地域とは共同体じゃないかということなんです。

今回、天皇と皇后は足立区にある避難所を見舞い、被災者にひざまずいて言葉をかけましたね。あのとき感じたのは、天皇のああいうお姿をもってしても、この天変地異にはかなわないということでした。
天皇が被災者を見舞うのは、阪神大震災のときには効果があったんです。ところが今回、地方で発生した歴史的な大惨事に対して、天皇の祈りは届いていない気がする。なぜかというと、近代天皇制というのは都市型だったからです。まあ、天皇制については原さんの専門領域だけども。（中略）
もちろん天皇制はこれからも続くと思いますよ。しかしある意味、この平成の御代で実質的には終わりなんじゃないかという気さえするんです。

6ページに及ぶ対談のほんの数行であるが、やっと私の考えをわかってくれる人がいた、とうれしくなってしまった。今まで一人で、誰も国民もマスコミも言わないことをずっと言い募ってきた私にとって、祈りの場でありたい、天皇も皇后も国民のために日々祈っておられる、もっと皇室を敬え！　日本国民は、そして学習院ももっと天皇、皇后、そして雅子さま、愛子さまを敬え！　と言う人がいて、この日本国の大危機においてさえ、あまりに有名、著名人であるのでインタビューを受け、何か意味不明のことを言って、その最後には「天皇、皇后は今も国民のために祈っておられる」と言うし、「その祈りは霊なる神に聞き届けられなかったんでしょう?!」と反発したくもなるところへ、

天皇、皇后の祈りをもってしても、この天変地異にはかなわず、「地方で発生した歴史的な大惨事に対して、天皇の祈りは届いていない気がする。（中略）近代天皇制は、発展から取り残された地方を取り込めないままにしてきたんじゃないか。（中略）しかしある意味、この平成の御代で実質的には終わりなんじゃないかという気さえするんです。そのくらい今回の出来事は大きいと思う」（『週刊現代』同号より）

まったく、我が味方を得たり、という気がして実にうれしかった。何しろ国民の誰一人も、マスコミ、週刊誌など媚びへつらいばかりで、国家権力を引きずったいまだ奴隷としか私は思ってはいないのだから。

あの太平洋戦争も、「絶対にならぬ！　アメリカと戦争など決してやってはならぬ!!」と国家権力の長である昭和天皇が言っていたら、どうなっていたろう。軍のすべてが負けるとわかっている戦争に、それを言い出せず見栄体裁で、「アメリカと戦

争をやっても必ず負けるからやらない」という勇気のない者ばかりで揺れ動いている軍に、天皇の厳しい、強い「絶対にやってはならぬ!!」というつるの一声があったならば、近衛首相は絶望で辞任することはなく、東条英機という軍のトップが戦争へと突き進むことはなかったのではないか。その意味では、すべては天皇の責任であの太平洋戦争は起きた、と私は思っている。

私は昭和20年7月27日生まれである。8月15日の敗戦の20日足らず前に生まれているので、戦争を知らない。「愛」の反対は「無関心」である。「無関心人間」は「愛」のない人間である。「無関心」は「無責任」に通じる。「無責任」と「勇気のなさ」は、再びこの日本に、あの太平洋戦争以上のわざわいをもたらす。

日本国民の上（皇室）から政治家、国民に至る「無関心」「無責任」「奴隷魂」「勇気のなさ」」、これらの罪が天災・天罰となって、私たち日本国民と全日本国民の上に降りかかる。

愚民が戦争を求めたこと、「負けるから、アメリカとの戦争だけはやらない」という勇気のなさ、軍のプライド、つまり国民の命よりも軍の者が優先したのは自分たちの軍としてのプライド、体裁、見栄、これが、天皇、軍部、国民の総意が一致して、もしかしたら勝てるかもしれない、ほとんど負けるに決まっているが、もしかするとひょんなことから勝つかもしれない、もしかすると神風が吹くかもしれない、と思ってしまった。

実にこのつまらない、嫌悪すべき、軍部の見栄、体裁、それに恐るべきこの楽観論が、あの日本国ズタズタの敗戦へとつながり、楽観論、今も厳然と日本国にまん延しているこの楽観論こそ、霊なる神の言われる、この日本が一番最初に滅びる原因となる。

第二次大戦の時は日本は立ち上がったが、もはや日本が二度と立ち上がることはない。終わりの始まりはこの日本からだ。「あの太平洋戦争以上の苦しみをこの日本は味わう。もはや立ち上がることはない。皆覚悟せよ！　死がいの山となる覚悟をせよ！　火の海となり地上の人間がすべて焼き払われる覚悟をせよ！　海の魚はすべて死に絶える。あなたたちは、食べる物も着る者も家も何もかもなくす。皆覚悟の時だ。

日本は二度と立ち上がらないことを知れ！」
霊なる神はこのように言われる。

太平洋戦争の敗戦のあとのようなこの日本の有り様だ、と人々は言っているが、それは間違いである。太平洋戦争へと突入する前夜にそっくりの今の日本の有り様である。

日本国民の70％近くがこの度の大災害に対する増税に賛成だそうである。愚民よ、日本国のこの愚民たちよ。インタビューで、この災害を機に増税をした方がよい、と答えていた馬鹿がいた。数名のインタビューを受けていた者皆、すべて増税賛成を唱えていた。

衆院予算委員国会で、「みんなの党」の江田憲司幹事長が、必死で「今増税などしたら、日本国はつぶれる!!　二度と立ち上がれない!!」と懸命に訴えていたが、真実である。まったくもってその通りである。みんなの党の江田幹事長の言うことが正しく、もしここで増税をしたら日本国はつぶれる。その前に、このような見栄、体裁の国民、払う能力もないくせに、いざ自分に税が降りかかってきた時、不平不満を言うくせに、死ぬまでむしり取られる覚悟をせねばならぬ増税に、70％もの国民が賛成する国を、霊なる神は決して許さず、第三次世界大戦の始まりが、この日本から始まる。

復興することなど、日本が立ち上がることなど二度とないだろう。今度こそ霊なる神の怒りが爆発し、日本国土は世界中から集まった軍による地上戦がくり広げられ、日本は太平洋戦争どころではない火の海と化し、地上の人間はすべて電子レンジの大型大量殺人兵器、中性子爆弾によって、建物は壊さず、中にいる人間だけを丸焼きにする、電子レンジの大元、大量殺人兵器によって丸焼きにされて死に絶える。

私がどれほど人に笑われようと、便利だと言われようが、今まで電子レンジを持たない生活をしてきたのは、これが中性子爆弾という、コンクリートの建物を残して中の人間だけを丸焼きにする兵器であることを知っていたからである。

日本国は火の海となり、かつてない地上戦の場となり、日本国民は死に絶え、地上は死体の山でおおわれる。この今の災害どころではない。怒りの神の鉄槌が、イエス・キリストの最後の審判が、まず一番最初にこの日本に振り降ろされる。「正直」

と「やさしさ」と「勇気」、にせもののこれらではない、偽善や、ニセのやさしさや、ニセの正直や、できもしない自分をよく見せようとする、見栄や体裁の者など、霊なる神の創造「新しい天と地」へ行くことなどできない。

皆、まず日本人は死に絶える。生き残った者は先に言ったように、穴ぐらや洞窟に住み、食料のなくなった彼らは互いに殺し合い、人肉を食らう。死んだ後、「新しい天と地へ行く者」、火の釜・火の海へと投げ入れられ、霊なる神によって人間のなし得ない、霊体、霊魂の抹殺が行われる。選ぶのは「霊なる神」である。

人間を、ご自分の霊と光とで創造された霊なる神以外、人間の霊体、霊魂を消滅させられる者はいない。肉体を殺せても、それ以上のことは人間にはできない。本来霊体で生きるのが人間の本当の姿であるが、人間が「愛」を失ったため、「愛」を取り戻すよう肉体を与えられた。「愛」を学び「愛」を取り戻しなさい、という意味で肉体を与えられた。腐り、がい骨になる肉体など人間の本来の姿ではない。「愛」を人間に取り戻させるため霊なる神は人間に肉体を与えられた。

肉体がある以上、食べなければ生きていけない。そこで霊なる神は「あなたたちが決して飢えることのないように、私は広い海を創り、そこにたくさんの魚を泳がせよう。あなたたちが決して飢えることのないように」と地球の70％もの広さに海を創られ、漁業によって今日まで私たちが決して飢えることはなかった。この海によって、霊なる神の創られた海によって人間は滅び、火の洗礼を持って再び地上に顕《あらわ》れたイエス・キリストの「火の洗礼」によって人間は死に絶え、またこの海のすべての水によって地球はおおわれ、万物は死に絶える。もはや霊界など存在はしない。

死んだのちどこへ行くか。新しい天と地へ行くか、火の海、火の釜に投げ入れられ、霊なる神によって消滅させられるか、もはや人間に残された道は二つに一つしかない。それを決めるのは「霊なる神」であり、人間ではない。八百万の神々が火の釜に投げ入れられ消滅させられる時である。イエス・キリストが二千年の時を経て再臨し、人類への「最後の審判」の時である。その最初の霊なる神とイエス・キリストの怒りの鉄槌が振り降ろされるのが、この日本が最初であり、皇室も、日本国政府も、自国民である拉致被害者を救わなかった。有象無象の芸能人や歌手やスポーツ選手を皇居神殿に招き、お茶会を楽しむ暇はあっても、映画観賞や音楽鑑賞を楽しみ、テニスを楽しむ暇はあっても、拉致被害者のこの苦しみを、引き裂かれる苦しみ悲しみを、我が娘、息子、妹を三十数年もの長い間、捜し続け、救ってくれ、とどれほど訴えても、皇室も日本国政府もきちんと救おうともしなかった。

日本国壊滅のこの原因は、日本政府の人間の愛のなさ、冷たさ、冷酷さ、偽善、残酷さだと思う（その意味で皇室も同罪ではないか）。アフガン復興に五千億もの国民の税を投じる見栄と体裁を持ちながら、自国民である拉致被害者の苦しみを我がものとしなかった政府による罪と皇室の罪によって、日本は太平洋戦争の時以上の苦しみを味わうことになる。女性宮家創設を急がせ政府に要請する前に、拉致被害者救出を政府に要請すべきではないか。

二千年前、イエス・キリストを十字架にかけて殺し、十二人の弟子と彼らを慕う者たちを殺した同じユダヤ人でありながら、イエスとその弟子、それを慕う者を殺したユダヤ人の罪は、霊なる神の使命を受けて顕れたヒットラーによって、六百万人の人間がアウシュビッツで殺される、という霊なる神の怒りの天罰となって間違いなく成就された。同じ日本人でありながら、三十数年もの間、そして今なおお救おうともしない日本国政府と皇室の罪は、二万人に近い人間を一瞬のうちに海へと放り投げる、という、霊なる神とイエス・キリストの怒りとなって成就した。人間のために創られた海へと二万人もの人間が流されたこのことを、世界一安全と言われた防波堤を乗り越え、一瞬のうちにいくつもの町や村をガレキの山と化し、一瞬のうちに二万人の人間を海へと引きずり込んだことの意味合いを、私たちは悟らねばならない。

この海は、人間が肉体を与えられた時、霊なる神が「あなた方が決して飢えることのないよう、広く大きな海を創り、そこにたくさんの魚を泳がせよう。漁をして暮らし、あなた方はこの海がある限り、決して飢えることはない」ということで与えられた。

「霊なる神の愛」によって人間のために創られた海が、二万人の人間を一瞬にしてのみ込み、まるで廃墟のようなガレキの山と化した。この海の怒りが、山や海をも動かすイエス・キリストの怒りが、世界一の防波堤をも越えて人間を襲ったことを、これが天罰であり、同じ日本国民である拉致被害者を救わなかったための天罰、霊なる神とイエス・キリストの怒りの鉄槌であり、天罰であることを悟らねばならない。日本国のトップに君臨する者たちが、引き裂かれる苦しみを、どこへ連れ去られたかわからない苦しみを、生きているのか死んでいるのかさえわからない我が子、孫たちを海外へと連れ去られ、生き死にさえわからぬ苦しみを今度は自分たちが味わうはめになる。

同じ苦しみを味わえ！　と霊なる神とイエス・キリストの怒りが日本に降り注ぐ。いまだ太平洋戦争で死んでいった数え切れぬ大勢の霊たちが、「おまえたちも私たちと同じ苦しみを味わうがよい。あの苦しみを、これらの者の上に!!」と叫んでおり、彼らの願いは必ずかなえられる。北から来る者の手によって、それは誰一人予期せぬ時に。この前古未曽有の大災害を、日本国民、世界中の誰一人も予期せず起こったように。ある日何の前ぶれもなく。突然に。

残念ながら霊なる神と、イエス・キリストの人間に対する怒りはこれでは収まらない。

霊なる神と、再臨したイエス・キリストの怒りの前に、人間はなすすべもなく滅び去る。霊なる神に愛される者だけが、肉体を離れたのち、新しい天と地へと連れて行かれる。

子供であろうが、赤ん坊であろうが、そこへ行けば皆一瞬にして地球年齢十八、九の姿になる。本来の霊なる神によって霊なる神の霊と光によって創られた、光り輝く霊体となり、新しい霊なる神の創造、「新しい天と地」へと死後往く。何一つ死を恐れることはない。

若い、老人、赤ん坊、子供、これらは一切かかわりあることではない。肉体を持ってそこへ行くことはできない。本来の姿、霊なる神の霊と光とで創られた、「霊体」となって、人間本来の姿、霊体となって、そこ、新しい天と地へと行く。霊界はもはや消え去り、霊界で起きたことがこの現界へと移写するが、霊なる神と、イエス・キリストの最後の審判がもう霊界では始まっており、火の釜と火の海に、容赦もなく汚れた人間どもは投げ入れられる。

神を恨み、神を呪いながら、ファティマのルシアがそのさまを見せられ、恐怖の叫び声を上げたように、もだえ苦しみ、鬼の形相であまりの苦しみに神を恨み、呪いつつ消滅させられている。八百万の神々が、この火の海の中に投げ入れられ、消滅、抹殺の憂き目に遭っている。ならば人間はどうか。かつて神々と呼ばれた者でさえ、火の海に投げ入れられ消滅させられるのならば、人間はどうなのか。

政府はこの前古未曽有の災害の前から増税を狙っていた。国民の苦しみのかけらも気にすることなく、さらに苦しめようとする日本国政府。防災服を着ていながら被災地へ飛び出していく者は少数しかいなかったが、その議員を減らしたか。有象無象いる議員はこの災害の時、陰に隠れ、姿を見せず、被災地へ行って手伝いもせず、隠れて時の過ぎるのを待った。役立たずの議員の数を減らしたか?

公務員の給料をカットしたか?　皇室の者たちの仕分けをやったのか?　東宮御所大人二人に子供一人、わずか三人に医師団をはじめ五十人も職員が必要なのか。年間三万人以上の自殺者が、お金のため等で死んでいく自殺者が三万人以上いる国は日本だけである。国民の痛みを知らぬこれら政府の者どもは、自民党は今日まで国民の税をどうしてきた?　それにいや気がさして民主党圧勝となった結果が、国民に平気で負担を押しつける党であったとは。

議員の中にも断固増税反対者が数名いるが、これらの人たちは正しい。正義のために戦う者は、霊なる神に愛される者であり、必ず死後、「新しい天と地」へと行く。正義のためには命を賭して戦わねばならない。たとえ一人であっても正義のために戦う者は、霊なる神に愛される者であり、「新しい天と地」へ行く者である。

国民の70％が増税に賛成と答えている。「この災害を機に増税をすればよい」と答えていた一般人がいた。この増税派の70％とこの災害を機に税を上げろなどという国民は、盲目の民であり、同じユダヤ人である自国の民、イエス・キリストとその弟子たち、彼らを慕いイエスの教えを学ぼうとする者を十字架につけ殺し、あるいは石打ちの刑で殺し、同じユダヤ人である同志を殺したそれらの原因は、ユダヤの民の盲目と、イエスに対する嫉妬であった。盲目と嫉妬《しっと》である。

イエスをその弟子を殺した同じユダヤ人であった彼らを殺したその理由は、ユダヤ人の盲目と嫉妬である。『預言の書』に書いたように、この日本はイスラエルであり、かつてのユダヤ人の再来であり、その証拠に、ソロモンの神殿は中近東の国、かつて二千年前にイエスとその弟子たちがいた現在のイスラエルには悲願のソロモンの神殿は建たず、イスラエルの再来、イエス・キリストの再臨したこの日本、ユダヤ人の魂を持った者たちの再来の国、この日本国イスラエルにソロモンの神殿は建った。

この地球は恐ろしい悪魔の住み家になっている

預言者ダニエルが言った荒らす者の厭《いと》わしいものが、日本の聖地に立った時、日本の聖地、皇居神殿はズタズタに荒らされ、金銀財宝は持ち去られ、さらにそこに住む人間まで捕囚となり連れ去られ、今までに何度も私は霊なる神は必ず人間を使われる、と言ってきた。良きにしろ、悪しきにしろ、霊なる神は必ず人間を使われる。悪の御用の者たちが、日本の聖なる地、神殿を自由に荒らしに荒らし、霊なる神の悪の御用に使われる北からやって来る軍隊によって、誰も気づかず、世界中が気づかぬうちに、日本のエルサレム、聖なる場所、神殿は荒らされ、やっとそれに気づいた世界が、世界中の軍隊が、「許してなるものか！」と一丸となってこの日本国へと押し寄せ、日本国は、太平洋戦争の時どころではない、激しい地上戦の場となるだろう。中性子爆弾が雨あられのように降り注ぎ、人間は電子レンジで焼かれるのとまったく同じ状態で焼かれ、すべてが死に絶える。

先にも言ったが、電子レンジとは、コンクリートの建物を残して中にいる人間だけを丸焼きにする大量殺りく兵器の家庭用版である。もちろん木造や最近の建築物家屋など簡単にすべて燃え崩れる。それを知っているため、私はこれを決して使わない。どれほど皆に馬鹿にされ笑われようと、どれほど一人住まいには便利だよ、と言われようと。この恐怖の兵器を家庭用にしたものが電子レンジであるので、私は使わない。この中性子爆弾で、日本国民皆死に絶える。海の魚はすべて死に絶え、この時生き残った人間は獣人間となる。

見栄、体裁の人間、ごう慢人間、欺瞞、偽善の人間、嘘つき人間、殺人者、これらの人間は、死んだのち、霊なる神によって火の海に投げ入れられ、のた打つ苦しみの天罰を受け、消滅させられる。

何度も言うが、今、最後の審判の時である。山を動かし、海を操るイエス・キリストが、火と水の洗礼をもって今、イエス・キリストが人間に、この地球上のすべての人間に火と水の洗礼を与えるために再臨した、と私は三十二年間も訴え続けてきた。「改心せよ！　改心せよ！　改心せよ！　愛を取り戻せ！　愛なき者はもはや火の釜に投げ入れられ、怒りの神と化した霊なる神によって消される。愛を取り戻せ！　改心せよ！」火と水の洗礼者、イエス・キリストが二千年の時を経て再臨し、地球上に「最後の審判」が行われる。どれほど声を大にして叫んでも、誰一人聞く耳を持つ者はいなかった。けっこうである、聞こうが聞くまいが、どうでもよろしい。勝手にすればいいのである。

霊なる神に愛された者だけが「新しい天と地」へ往く。地球人口のうち、十四万四千人と決められているのだから、我が町二十三万人の人口よりずっと少ない。聞く耳のない者、信じない者、そのような人間ばっかりと言ってもいい。声張り上げて叫び続けても、まず愚民ばかりといってもいい。好きにすればいいのである。

神を呪い、神を恨みつつ、霊体を抹殺できるのは、霊なる神の「霊」と「光」とで創られている人間のこの霊体を消滅できるのは「霊なる神」以外にはいないのである。「肉体を殺せても、それ以上殺せない者たちを恐れるな!!」とイエスは言った。イエスの火と水の洗礼。霊なる神による霊体の消滅。霊体を火で焼き払うという、恐るべき霊なる神の怒りの審判。皆覚悟の時である。

アフリカへの支援を今まで約束していた額よりさらに増額すると、世界へ向けて日本国政府が約束した、とニュースが伝えている。今日のニュースでは、世界の何とか会議に出席して、名前を忘れたがあの若い大臣が世界の首脳の前で「日本は今後消費税を10％にする」と宣言したと報じていた。本人は胸を張っていたが、私は恥ずかしい。日本人として消え入りたいほど恥ずかしい。世界の首脳の前で、消費税の話しかできない大臣が日本国にいることが、心底恥ずかしく、ニュースを聞いたとたん、恥ずかしくて身を縮めた。

まだ縮んだ身体《からだ》がまっすぐにならないうちに、今度は野田総理がG20の世界会議で「日本国の消費税を10％にします」と公約してきたと、ニュースで報道していた。国民に信を問うこともせず、日本国総理や大臣は海外で公約するのが好きだが、世界の首脳を前に消費税のことしかいえない日本国総理に、恥ずかしくて伸びかかっていた身体がまた縮んだ。

　オバマ大統領の押しつけるＴＰＰの話をしたい。66年前、２０１２年で67年になるが、日本国敗戦の時、完全占領、つまり日本国をすべてアメリカ領土とする計画であった。この時昭和天皇は大正天皇から受け継いだ資産十数億、海外へ預けてあった金、土地、宝石だけでも八万個、それらのすべてをアメリカに差し出すと言った。このことを国民は「自分の命を差し出すから、国民を飢えさせないでくれ」と昭和天皇が言ったというが、本当は戦争、敗戦で国民が食料がなく、「いもの葉やつる」を食べ、餓死者が出ている時でさえ、八万個の宝石類や十数億の資産、海外に預けた莫大な金を持っており、代々国民から搾取したこれらの土地、家屋、八万個の宝石、これら自分が持っている財産のすべてを投げ出すと、つまりアメリカに差し上げる、と言った。私はこれを「命乞い」と思っている。

　宝石だけで八万個、何億もの現金、海外にまで預けるほどの金、日本国が焼け野原の時、皇室はこういう状態であった。これら財産のすべてを昭和天皇が差し出したかどうかは知らないが、天皇の「命《いのち》」を奪われるのと、日本国が完全にアメリカ領土となることだけは避けられた。

今オバマ大統領が言っているTPPとは67年前に果たせなかった完全日本国乗っ取り計画であると私は思う。アメリカがTPPで日本国乗っ取りをやるのだから、北の大軍が、アメリカがそれをやるなら自分たちは皇室の金銀財宝をいただくと、皇居神殿へと財宝を奪いにやって来る可能性がある。

すべてはアメリカの日本領土完全占領計画、TPPにかかっている。そこから私が今まで言ってきたことが始まる。おめでたい日本人。ノー天気の日本人。危機感のまったくない日本人（イスラエル人）。無責任、無関心、かつてのイスラエル人と同じ盲目の民、イスラエル（日本）人（筆者注・皇室財産については『週刊新潮』平成23年10月13日号の徳本栄一郎氏の記事を参照した。記事にはもっと細かく、もっと具体的に書いてあるが、ここでは紙面の都合で書ききれないので、一部だけ紹介した。徳本栄一郎氏の著書『1945年日本占領――フリーメイスン機密文書が明かす対日戦略』［新潮社］が出版されているそうだが、書店になかったので今取り寄せ中である）。

世界中の首脳は笑っているのではないか？　ガレキの山と化した日本を知っている者たちは、この日本政府の見栄と体裁のすごさに、内心笑っているのではないか？この日本国政府の見栄、体裁も、「この災害を機に増税をすればよい」と言う日本国民70％の者たちも（七ヶ月が経って、十月現在では57・7％になっている）、すべて地獄へとまっ逆さまである。そこには火の海に投げ入れようと霊なる神が待ちかまえている。

日本国はもうつぶれるのである。どの国よりも一番最初に日本国がつぶれる。自業自得の国民、国なのである。放射能はいまだ空気中にも海にも垂れ流し続け、ノー天気な日本国民は、あれからまだひと月半しか経っていないのに、もうすっかりあの前古未曽有の大災害を忘れ始めている。

たったひと月半で、もう日本人はあの大災害を忘れ始めている。テレビは一週間もするとすべてお笑い番組。くだらない、笑いもできない馬鹿丸出しの茶番番組、グルメの旅番組、ごちそういっぱいの料理番組。もうニュースでも原発、ほんの少々（七ヶ月が経った今ではまったくなしの日も多い）。被災者などめったに出てはこない。被災地にはもうすでに物資は何も届かなくなり、パン一個、おにぎり一個しか食べられないそうである。

もうひと月半で日本国民は完全にあの恐怖の災害を忘れている。もはや他人事なのである。許されるわけがない。このような人間たちを。「海は青さを取り戻し、海は元の美しい海へとよみがえった」と言っている馬鹿がいたが、地上のガレキと同量のガレキと二万人近い人間の死体が海の底に沈んでおり、死体もガレキも海の底のどこまで広がっているのかわからないのである（四月二十六日現在）。

表面しか見ない愚かな人間。海の底のガレキの山と二万に近い人間が波にのまれたのに、いまだ見つからない人々のことを考えられない、「海は元の美しい青い海に戻った」だと。もはや人間の愚かさは極みにまで達している。テレビはくだらない番組、ごちそうの料理番組、グルメの旅でごちそうを食べるシーンを毎日見せられる被災者たち。もはや霊なる神はこの日本人を、日本国を、一番最初に滅ぼされる。ノー天気で危機感のかけらもない、自分さえよければよい、という日本国民と、他国には見栄体裁を張り、自国民にこれ以上の税を平気で押しつけようとする日本国政府。国民から税を取り上げることしか考えていない自民、民主。偽善者集団の皇室。

この日本が一番最初につぶれ、もはや二度と立ち上がることなく、日本国民すべてが死に絶える、という霊なる神のシナリオ、計画が、まったくの無関心に徹し、日本政府もまた、口ばかりで関心を示すどころかまったく無視し続けた。この三十年以上も、無視し、救おうという努力も一切しなかった。愛も慈悲もない、拉致被害者を救わなかったその天罰として、日本国民全滅という憂き目に遭わねばならない。霊なる神とイエス・キリストの怒りはとどまるところを知らない。偽善者の皇室も地獄の底へと突き落とされる。霊界へ行って救われるどころか国民と共に、火の海へと投げ入れられる、というのが私が受けた伝言である。

この日本国で救われ新しい霊なる神の創造「新しい天と地」へ行く者はほんの一握り、ごくごく少数の者だけである。今は最後の審判の時である。霊なる神とイエス・キリストの怒りの最高潮の時である。救われる者はほんの少数の者だけである。汚い魂、汚れた心の人間など霊なる神もイエス・キリストも愛されはせず、皆火の釜、火の海へと投げ入れられ人間、人類消滅の時である。


2011年5月2日。

昼のニュースから何度も、オバマ大統領がオサマ・ビンラディンと他四名を殺害し、遺体を収容した、と繰り返し伝えている。遺体は海へ捨てた、と。

私は『預言の書』に、アフガン戦争でブッシュはビンラディンを殺すつもりなど毛頭なく、オサマ・ビンラディンは病気などしておらず、今もピンピンして生きている、と書いた。十年後、生きていたオサマ・ビンラディンをオバマ大統領が殺した。

2012年の大統領選を見据えてのことだとも言っているが、10年も経ち、9・11がブッシュの自作自演であったことはもう皆世界中が知るところである。あの時間ならいつも五千人がいるあの二つのタワーになぜ三千人しかいなかったのか。いつもいるユダヤ人が、なぜあの日は一人もいなかったのか（私はそう聞いた）。

ジハード（聖戦）で死んだ者は皆天国へ行くと言われ、喜んで命を捧げる者を、イスラムの命を捧げることこそ天国行き、そのことを利用しさえすれば、数千人の自国民の命を犠牲にすることなど何とも思わないこの悪魔の所業、その報復としてアフガン戦争、何の根拠もないイラク戦争、アメリカの兵士だけで四千人以上が死んでいる。アフガン戦争を加えればアメリカ兵の死亡はもっと多い。アフガニスタン人、イラク国民の死亡者数はもはや数え切れず。なぜ、どうしてこのようなことを、という理由は、専門家のお方に任せよう。命を狙われながらもそれを突き止めている外国人がいる。その理由はその勇気ある専門の方に任せよう。

ツインタワーの設計者が、飛行機が突っ込んだぐらいで壊れるようには設計されてはいない、という言葉と、地下から爆発の音がした、何回かの爆発音のあと、崩れた、という言葉と、ちょうどまん中にあり壊れなくてもよいビルまで崩れ、そこでアメリカ国の重大な調査がなされているその人々もすべてそのまん中のビルと共に崩れ去り、皆死んでしまった、ということだけ言っておこう。もう世界中の知る人は知っているあの9・11テロ事件は、ブッシュと悪魔（この調査の専門家にはわかっているが、私はこれらの専門家ではないので悪魔と呼んでおこう）によって起こされたと私は思っている。

実に、私たちが思っている以上の、恐ろしい、悪魔の住み家とこの地球はなっているのである。お人良しの人間には想像すらできない恐ろしい人間の住み家となってお り、この日本にも決して表には出ず、秘かに潜伏している海外の集団がいることを私は最近知った。この中には日本人は一人もいない。背筋の凍る思いとはこのことである。こう言っては悪いが、オウム真理教やアレフなどそれに比べたら子供である。

何という悪魔と化したこの地球であろう。もはや人間とは呼べない、悪魔の地球、悪魔に乗っ取られてしまった地球の姿である。私たちが想像もできない大魔王の、大活躍、大躍進の時である。

霊なる神とイエス・キリストの顔が大魔王か、鬼か、悪魔の頭《かしら》か、という形相になっていることも、これで納得がいく。実に神と大魔王、霊なる神とイエス・キリスト、大魔王ルシファーとそれに連なる者との戦いが始まる。私たち一般人は、震えおののき、息を潜め、この成り行きを見守らねばならない。すべては「新しい天と地」へと連れて行く者と、大魔王、ルシファーとそれに連なる者との戦いである。その戦いにおいて、霊なる神とイエス・キリストが勝利しなければならない。

地球上の人間のほとんどがルシファーに操られた者ばかりだとしたら、その戦いは一体どうなるのか。地球は火の海と化す。自分の大統領選を来年に控え、9・11から10年も経った今、オサマ・ビンラディンを殺害し、遺体を収容したと世界へ向けて胸を張るオバマ、歓喜の喜びに沸くアメリカ国民。さらに人類の滅亡がこれによって早まった。霊なる神の怒りがさらに強まり、「もはや待たない」とさらに人類の滅亡が早められる。

第三次世界大戦のぼっ発である。そしてこれが億々万劫から大魔王ルシファーに操られ続け、悪の限りを、残虐を、大量殺りくを、戦争を、原子爆弾、水素爆弾、中性子爆弾、クラスター爆弾、細菌兵器、ありとあらゆる兵器を作り続け、人間を殺害、大量殺人を行ってきた人類の、もはや今後はない。最後の世界大戦である。

もはや地球上の人間はすべて自らの「死」を覚悟しなければならない。アメリカだけで八千個の小型原子爆弾があるという。アメリカ一国で八千個もの原子爆弾がある。しかも広島、長崎に落とされたものの数千倍の威力を持つ核弾頭である。

もはや誰も生き残れる者はいない。

霊なる神とイエス・キリストに見捨てられた者があわれにも生き残り、最後の時まで生かされ、取っておかれ、死んだ者をうらやみながら、食料も、着る物も家もなく、あわれにも神の天罰として最後の時まで獣のごとき人間となり「終わりの時までそのようにして生きておれ！」と言われ、地面を這いつくばりながら生かされ取っておかれる。

アメリカとイスラエルに原子爆弾が落とされ、アメリカとイスラエルに原爆がさく裂する。原爆の応酬が始まり、地球は火の海となり今まで人類が起こしてきた核戦争により、金星、火星、木星、月、すべてが生物の住めない惑星となったように、この地球もそうなる。ソドムとゴモラの町も、ムー大陸もアトランティス大陸も核戦争で海底へ沈み、シュメール文明も核戦争であっという間に滅び、超々古代から、古事記のイサナギ、イザナミの時代にも、人間は核戦争を起こし、これが人類の最後の戦争、人類最終戦争、核による戦争、ハルマゲドンの人類最後の戦い、核最終戦争である。

今福島原発が海と空に放射能を垂れ流し続けているが、地球上にどれだけの核兵器と、どれだけの原発があるか。アメリカ一国で八千個もの核弾頭があるが、この地球上にこれからも住み続けていられると思う人間は愚民というものであり、ノー天気、楽観主義、我よしの者である。地上天国が来るなどと書いた作家（もう十三年も同じことを言い続けている。この地球に地上天国が出現する、と）は「先生、先生」ともてはやされる超有名人だが、私は馬鹿男と思っている。

あの恐怖の巨大地震、巨大津波からまだひと月半しか経ってはいないのに、テレビはお笑い、バラエティー、グルメ、料理番組を放送している日本、一番最初にこの日本国が火の海と化し、人間も海の魚も死に絶えるだろう。外国人ジャーナリストが「日本人はお笑い番組を見て笑っている場合か!!」と怒っていたことは先に書いた。そうだ、そうだ！「私の本を読んで、穴のあくまでよく読んで、しっかり心を入れ替えろ!!」である。

何度も言うように、北から来た者たちを許すまじ、と世界中の軍隊がこの日本に押し寄せ、地上戦となり、中性子爆弾がさく裂し、火の海となった日本国は、電子レンジ兵器、中性子爆弾で焼かれて皆死に絶える。

なぜこの日本国が一番最初か？　何度でも言うが、日本国政府も、国民も、拉致被害者を救おうともせず、三十数年もの間、苦しみを苦しまず、放置し、救わなかったことへの天罰である（皇室も含まれる）。前古未曽有の巨大地震、巨大津波は、日本国政府と国民への怒りである。霊なる神と、イエス・キリスト、今この日本に再臨したイエス・キリストの与えた天罰である。まだまだ、火の雨はこれから、今からである。

プロ作家時代の終わりの時である。ベストセラー作家、海外にまで名を馳せたベストセラー作家であろうと、例のあの数々の何とか文学賞を取り、天皇から何とか勲章をもらい、日本国民誰一人知らない者はいないあのステーキ大好物の女流作家のお坊さんも、この前古未曽有の日本の大災害を前にして、この今まで圧倒的ベストセラー作家ともてはやされてきたこの二人だけを見ても、右往左往の状態である。このステーキ大好物と宣言していた坊さん作家、テレビで早口で例のごとくまくし立てていたが、何ら新しい言葉は一語もなく「頑張れと言うな！　被災者は、一日一度でいいから何か楽しいことを見つけて笑ってほしい」そう訴えていたが、笑え、と言う方が無理というものである。もう世界にとどろくベストセラー作家であっても、超有名作家のお坊さんであろうとも、言っていることが虚しい。もはや書くことも、中身のある言葉を言うことも、何も持ってはいないのであろうか。

今までは通用したであろうが、この期に及んで、もうおしまい、プロ作家のジ・エンドの時が来たのであろう。あせりまくって電子書籍で何か書いていたが、九十にもなろうというのにエロい題名で仰天した。本人たちが仰天していて右往左往で、何を書いていいのかわからないのではないか。電子書籍で急いで書いた本、エロ過ぎる題名で驚いた。何だったか忘れたが。この人に『源氏物語』の訳本を書かれた時、私は鳥肌が立つほどいやーな気持ちがした。今でもいやである。なぜならば『源氏物語』は千年前に私が書いたものだからである。イエスの日本再臨同様、誰も信じないだろうが。

例の出来レースともいわれた俳優作家は、書いていた原稿を震災があったため、この内容ではダメだと必死で書き直している、と聞いたが、その後、出版された気配はない。書店で本を眺めて回ると、今、原発に関する単行本がずらりと並んでいる。正直に言ってよいだろうか。済んだことを、起きてしまったことを今さら書いて何になる。原発事故が起きて、「それっ」とばかりに一斉にそれに飛びついて書く。こう言っては申し訳ないが、私にはさもしく思える。

もう彼らは何も書けないのではないか。名前だけで売れる時代は終わったのである。フワフワした小説や、恋愛もの、このお坊さん作家のように、エロ小説など、名前だけで売れる時代は終わり、電子書籍は悪魔の罠である。書く物書く物、中身は大したこともないのに名前だけで、労せずしてはい次、はい次と書いたものは、愚民は喜ぶかもしれないが、真理を追究し、真理を求めている者にとって、真実「新しい天と地」へ行く者にとって、それらはゴミに等しいと個人的には思う。

今まで持ち上げられ、有名になり、名前だけで売れてきたような者にとって、これからは一気に地獄の底まで落とされる時である。もはや、あがいてもあがいても這い上がれることはない。津波にのまれていった二万人近い人々が、いくらあがこうとも決して這い上がれずに、海のもくずとなり消えていったように。救われる者は少ない。新しい天と地へ行く者は、ごくごく少数の者だけである。地位、名誉など、霊なる神とイエス・キリストにとってはごみである。

「金持ちが天国へ行くことよりも、ラクダが針の穴を通る方がたやすい」とイエスは言った。金持ちは、まず新しい天と地へは行けない、と思っていた方がよい。「我よし」の人間などはそこへは行けない。

もう私は人がどうなろうと知ったことではない。火の海や火の釜に人が投げ入れられるのを見ても、私はまったく一切何の同情もしない。この前古未曽有ですべてを失った人にも、海に流された人たちにも、霊なる神とイエス・キリストが一切の同情などないのであるから、私にも一切の同情はない。

福島で、水もエサも与えられず立ち上がる力もなくし、今はもう次々と死んでいる動物たちには涙しているが。顔をへの字にして悲しそうな顔で、泥だらけの体で必死にガレキを飼い主を捜して歩く犬たちには涙が止まらないが。

三十年以上もの苦しみを味わい、いまだ苦しみの中にいる、復興などという言葉とはまったく縁がなく、おそらく死ぬまで続く苦しみを抱えた拉致被害者に、今も私は涙する。この人たちが「新しい天と地」へ行くことを私は確信し、霊なる神とイエス・キリストが、「必ずそうすると約束する」と私に伝えられたことを、神からの伝言を、私はここにはっきりと伝えておく。悲しみの涙が、歓喜に替わる時が必ず来る、と。

ところで、お釈迦様の教えの最後に「それでもこの世は美しい」「それでもこの世はすばらしい」という二語をくっつけた者は、一体どこの誰なのだ!! ずい分なことをする人間がいるものである。私はもう呆れて物もいえない。恐れを知らぬ人間とはこのことである。

それをまた、最近必ず、あのステーキ大好きの作家のお坊さんや他の有名作家まで「お釈迦様が言われたことはなく、誰かがくっつけた言葉であるけれど」と前置きをして「それでもこの世は美しい。それでもこの世はすばらしい」と堂々と言うようになった。しかし、これは決して言ってはならない言葉である。

聖者の教えの中に、勝手に人間が言葉をつけ加えるなど、お釈迦様が言ってもおられないことを勝手に人間が書き込み、それを高名な作家たちが平気で「これはお釈迦様が言われたことではなく、誰かが書き込んだものであるけれど」と前置きして、堂々と最近では言うようになってしまったが、書く方も言う方も決してこれは許されることではない。

どうして人間はこう勝手なことをするのであろうか。もう私は信じられないを通り越して、あきれ果てている。人間の愚かさ、馬鹿さ加減はこういう所にも現れている。背景があるのである。無知人間たちはまったく何も知らないだろう。しかし、ちゃんとこんなチャラチャラした言葉をお釈迦様が決して入れられなかったのには深い深い意味があり、深い重い意味と背景があるのである。もう有名作家というものに私はヘドが出る。わかったような顔をして、こんなチャラチャラした言葉を平気で法話やテレビで言っているのを聞くと、私はもうヘドが出そうになる。

頭を丸めた坊さん作家や高名過ぎるほど高名な作家が平気で、お釈迦様が言ってもいないことを言うなど、人間もここまで堕落したかと思う。もう説明するのもくたびれる。子供ならまだしも、七十年も八十年も、何のために、何を考えて今まで生きてきたのかまったくため息が出る。

二千年前、イエス・キリストは、「あなたの来臨と世の終わりにはどんなしるしがあるのでしょう。それはいつのことでしょう。教えてください」という弟子の言葉に、「私のこの福音が、全世界に宣べ伝えられる時、その時終わりは来る。私はまた来る。あなたたちを決してみなし児にはしない」と言った。そしてその言葉に嘘はなく、二千年後の今、現在、イエス・キリストはこの日本に再臨した。聖者は嘘をつかないのである。

お釈迦様の教え、苦諦《くたい》と山上の垂《すい》訓。

「苦諦」

「人生は苦である。苦を苦と感じない者となれ。苦が人間に永劫につきまとうものである限り、苦を苦と思わぬこと、それが苦を克服する唯一の道である。逃げてはならぬ。苦を直視し、見据え、正面から苦と対決せよ。この世は苦界である。苦が常態である。逃げることなく苦に立ち向かっていけ。

〝理性の悟り〟〝力〟によって苦を凝視し、立ち向かっていけ。それが苦を苦と感じない、苦から解き放たれる唯一の道である。

人間にとって苦の尽きる時はない。

人間が苦から逃れられる道はない。

生は苦である。老は苦である。病は苦である。死は苦である（四苦）。怨《うら》み憎む者に会うのは苦である（怨憎会苦《おんぞうえく》）。愛する者と別れねばならないのは苦である（愛別離苦）、求めるものの得られないのは苦である（求不得苦《ぐふとっく》）。すなわち人間の存在すべては苦である。天災地変の苦しみ、飢饉《ききん》や疫病の苦しみ、人間世界に苦の尽きる時はなく、またこれを逃れる道もない。『苦を常態』と思え。間違っても『楽』を常態などと思ってはならぬ。

〝苦〟を苦と思わぬ心、苦を直視し、見据え、理性の悟りと力、決して人間の意志の強さ、弱さではない、あくまでも理性の悟り、力によって逃げることなく苦に立ち向かっていけ。それが唯一〝苦〟から解き放たれる道であり、方法である」

このような教えを説いた釈迦が、「この世はそれでもすばらしい。この世はそれでも美しい」などと言うわけがないではないか。メロドラマのようなこんなくだらない言葉をお釈迦様の教えの中に書き入れたのはどこのどいつだ!! それをまた高名作家たちが平気な顔でこれを説法やテレビで言う。

イエス・キリストが二千年後の今日を見据えて、予言して言ったように、お釈迦様も、二千五百年後の今、この現在を見据えて、「必ず末法の世が来る。自分が説いたこれらの教えが人間の間で消え去る末法の世が必ず来る。その時私はもう地上には出てこない。私の代わりに弥勒を世に送る」。

イエスが二千年後の今現在を予言し、その言葉通りに「私はまた来る」の言葉通り、そしてイエスの説いた福音が、わずか十二人から始まったイエスの福音が「全世界に宣べ伝えられた時、その時終わりが来る」。要するに、二千年後の今日を予言してイエスが言ったのと同様に、お釈迦様は、二千五百年後の今、現在、この時を予言して言ったのであって、フワフワと「それでもこの世は美しい。それでも人生はすばらしい」などと言うわけがない。今現在を見通して二千五百年前に言ったというのに、なぜ勝手にこんな言葉を付け加えたりするのか。決して許されないことである。

二千年後、二千五百年後を見通すこの二人の聖者のすごさ。この二人、すごいお方である。誰が、人間の誰が一体二千五百年後を、あるいは二千年後を見通すことなどできようか。だから偉大な聖者なのである。何もわからないくせに、ほんの目の前の表面しかわからない人間が、このような聖者の教えに勝手に自分の言葉を書き入れるとは。誰がやったのか知らないが、これを書き入れた者は霊なる神の「命の書」から消され、死んだのち火の海に投げ込まれる運命である。これをまた、お釈迦様の言葉ではないと知っていながら語る者もまた同罪である。

もう信じられない人間がいるものである。だから最後の審判が下るのである。早く終わらせてほしいが、霊なる神はいまだ、まだ待たれている。早くやればよいのに……。

今、最後の審判の時

戦後六十年以上も、七十年近くもアメリカはこの日本国から金を巻き上げ続けてきた。もう搾《しぼ》り取るだけ絞り取る、もうこれ以上は出せないというところまで来ているのに、どこかに搾り取れるところはないか、この期に及んでもまだどこかに日本国から搾れるところはないか、と目を皿にしている。

そのしわ寄せは国民へと向かい、これまで戦後長い政権を維持《いじ》してきた自民党は、アメリカの奴隷となり、言いなりとなり、「おもいやり予算」というものまで差し上げさせていただきますとばかりに自民党はこの日本国をワヤ（だめ）にしてきた。今まで何十年も長い政権を取ってきたのは自民党である。菅さんばかり非難し、菅首相（当時）ばかりやり玉に上げ、引きずり降ろそうとして何になる。長期政権でやりたい放題にして日本国を衰退へと追い込んだのは自民党である。自民も民主もアメリカの奴隷。

日本国民は皇室の奴隷。イギリスのウィリアム王子とケイト・ミドルトンさんの結婚式にはこの二人の両家から結婚式の費用が出されており、国民の税は一銭も使われてはいないようだ。バッキンガム宮殿は、国民から税を取るなどという習慣はないと聞く。日本国民はこのことをわかっているのだろうか。日本国民の税で始祖の時代から今日まで営々《えいえい》と栄華を極め、すべてを国民におんぶにだっこをして権力の象徴として今日まであり続けたのは日本国天皇家と、信者から、全世界の信者から金を集め、バチカン銀行まで所有するほどの金の集まる所は、つまり、何も労せず世界中の信者の金と、何も労せず国民の税で今日まで始祖の時代から暮らしてきたのは世界中で、バチカンと日本国天皇家だけではなかろうか。他国の王室のことは私は知らないが。はっきり知っているのはバチカンと日本国天皇家のことだけであるが。

このことを知っていてもなお日本国民は天皇家を象徴とし続けるのだろうか。このことがもはや一切通用しなくなるのである。日本国が地上戦をまぬがれ、火の海とならずにまぬがれる方法がある。あくまでも延命に過ぎないのだが。少なくとも北から攻め込まれ、それを許すまじ、と世界中が一丸となって日本国に攻め込み、地上戦で火の海となり、もはや日本人は焼け死に、あそこに一人、ここに一人というほどに、太平洋戦争以上のこっぴどい目に遭わない唯一の方法がある。

天皇家が自ら今の場所、今の地位をお降りになること。何も持たず、今回の超巨大地震と超巨大津波で、家も家族も、お金さえ持たずに逃げるのが精一杯で身一つで避難所に暮らすおびただしい人々と同様に、一銭のお金も金銀財宝も持たず、庶民と同じ立場になる。もう一つは、今中東で起きているように、圧政から、国民のことなど考えず、私腹を肥やしてきた者たちを、追放すること。千人以上の死者を出しながらもそれでも国民が今突然、勇気を振り絞り、一勢に立ち上がり、圧政者を追放し、あるいは捕らえ、リビアではまだカダフィー一族と国民との戦いが続いているが（その後カダフィはかつての威厳などかけらもなくなり、二〇一一年十月、国民から殴られ、血だらけになり、「撃つな！　撃つな！　私が一体何をした!!」と叫びながら撃たれて死んだ。最後まで反省なき男である）、この私腹を肥やし続けた長年の圧政者を追放するために、国民は命を懸けて今戦っている。

中東全部がこの長きにわたる圧政者を倒すべく突然国民が立ち上がった。かつて、今までにない現象である。当然命懸けである。このような長きにわたる腐ったものが落ち崩れる時が来たのである。アメリカの奴隷であり、天皇家の奴隷であった。上から下まで、政治家から国民まで奴隷の国日本。中東の国民が今やっていることを政府や皇室に対してやれる日本国民はいるだろうか。

何も持たさず、身一つでお上を追放する勇気ある日本国民がいるだろうか。これができないのなら奴隷は奴隷のまま死ぬ他ない。私が言っているのではない。霊なる神がそう言っておられるのだ。これは私の考えではない。霊なる神の考えなのだ。

もしこれが日本国民にできないのなら、また皇室が自ら一切何も持たずにその地位をお捨てにならないのなら、アメリカと日本国の関係をずっと昔からじっと見ていた国がある。アメリカが日本国の金をむしり取るさまを、長期にわたりじっと見続けていた国がある。日本が弱ったのを見て、ある日突然、誰も気づかないように、アメリカが日本国の金をむしり取るのなら、自分たちは宝の宝庫である皇室を奪う。皇室の金銀財宝は我々のものだ!! と、長い間のアメリカの日本国に対する好き勝手を黙って今まで長い年月見続けてきた国がある。日本の聖なる地、「荒らすいとわしき」者たちによって皇室は乗っ取られ、数名は海外へと捕虜として連れ去られるだろう。

やっとそれに気づいた海外の軍隊が、もはや同盟も仲良しこよしもなく、許してなるものか！　と世界中の軍隊が日本に押し寄せ、日本国は地上戦の場と化す（日本を救いに来るのではない。独り占めさせてなるものか！　で来るのだ）。太平洋戦争どころではない。生き残った者がポツポツである。皇居神殿は、柱一本も残さず崩れ去る。

ここでもう一度言っておかなければならない。死んで腐り、がい骨になる肉体は、人間の本当の姿ではない。霊なる神の「霊」と「光」とによって人間の霊体は創られており、死は肉体を脱ぎ捨てて、新しい霊体へと生まれ変わる過程である、と思っていればいい。

肉体が痛み、苦しいのであって、霊体になった時、これほど心地良く、この世で味わったことのない身の軽さ、心地良さ、快適な自由の身、味わったことのない心地良さ、となる。肉体が病み、痛み、苦しいのである。霊体ほど心地良く生きられるものはない。これが人間の本来の姿である。

ただ、今までは「何という心地良さだろう」とこの世で味わったことのない幸福に包まれて、自由に自分の好きな霊界へと往けたが、今回は、霊なる神に気に入られなかった者たちはすべて火の海へと投げ入れられ、消滅する。もう霊界がなくなるからである。霊なる神に愛された者だけが厳選されたのち、新しい天と地へ行く。

天使たちが迎えに来たり、霊なる神が直接連れて行かれたり、光を目指していけばいいことを霊なる神が教えられたり、迷わぬように、天使たちが降りてきて、新しい天と地へと連れて行く。だから、死を一切恐れる必要はない。

子供も赤ん坊も年寄りも若者も、そこへ行けば皆一瞬で本来の姿、地球年齢十七、八歳の、人間の本来の姿、光り輝く霊体となる。この霊体が人間の本来の姿である。

肉体はあくまで仮の物。だから死を一切誰一人も恐れる必要はない。むしろ死んだのち霊界へ往って、霊なる神の怒りの火の海に投げ入れられないようにしなければならない。

今、最後の審判の時である。

これからハルマゲドン、世界最終戦争が始まる。最終戦争だから、もはや人類最後の戦争である。

ごくごくわずかの者が霊なる神の新しい創造、新しい天と地へ往き、あとの者はすべて火で焼き払われ、巨大な水で流され、太陽も月も地球も消え去り、一つの大いなる銀河が消滅し、宇宙に平和と幸福が戻る。

新しい天と地に住む者は、水晶色に輝く美しい三つの惑星と（すべての惑星が水晶で創られていることは『預言の書』に詳しく書いた）、霊なる神の芸術、あの美しい銀河を自由に飛び回り、愛と歓喜と、たくさんの動植物に囲まれ、地球での生活が嘘であったかのように、もはや何もかも地球での出来事などかけらも思い出すことはなく、すべてが遠い過去のものとなり、新しい天と地のすばらしさ、歓喜、愛、完全なる自由、そして永遠の生を生きる。

みんなにその気《け》もない時から言っておくのが予言者というものである。まだ気《け》もない時から、私はこれらのことを言っておく。

おわり

著者プロフィール

山下 慶子（やましたけいこ）

1945年（昭和20年）、福岡県生まれ。

国立音楽大学器楽科（ピアノ）卒業。

著書に『預言の書』（2011年6月、文芸社刊）、『神への便り』（2011年10月、文芸社刊）がある。

神からの伝言

2012年2月15日　初版第1刷発行

著　者　山下 慶子
発行者　瓜谷 綱延
発行所　株式会社文芸社
〒160-0022　東京都新宿区新宿1-10-1
電話　03-5369-3060（編集）
03-5369-2299（販売）

印刷所　神谷印刷株式会社

ISBN978-4-286-11451-4